関西学院大学産研叢書 42

現代世界とヨーロッパ
見直される政治・経済・文化

藤井和夫［編著］
Fujii Kazuo

Co-funded by the
Erasmus+ Programme
of the European Union

Europe in the modern world

Reviewing its policy, economy and culture

中央経済社

◆執筆者一覧 (執筆順)

市川　　顕（東洋大学国際学部准教授）————————————第1章
望月　康恵（関西学院大学法学部教授）————————————第2章
荻野　　晃（長崎県立大学国際社会学部教授）————————第3章
鳥羽　美鈴（関西学院大学社会学部教授）——————————第4章
久保　広正（摂南大学経済学部教授・神戸大学名誉教授）——第5章
宇野　二朗（横浜市立大学学術院国際総合科学群教授）———第6章
野村　宗訓（関西学院大学経済学部教授）——————————第7章
藤井　和夫（関西学院大学経済学部教授）——————————第8章
トマシュ・ドマンスキ（Tomasz Domański）
　　　　　（ウッジ大学国際関係・政治学部教授）——————第9章

はしがき

　現在の世界を眺めていると，あれほど見慣れたものとなり定着したかに見えていたグローバル化が，大きな試練にぶつかり，曲がり角に立たされていると感じざるを得ない。政治の流れは，トランプ大統領の登場したアメリカだけでなく，ヨーロッパでも，アジアでも，自国第一主義，保護主義のオンパレードで，対外開放や国際協調主義の旗色は極めて悪い。おまけに技術革新の歩みに伴う経済の成果が見えにくくなる中で，これまでのグローバル化の潮流に乗れず，恩恵を受けるどころか生活が脅かされ悪化したと感じる大きな中間層の前に，とりわけヨーロッパの政治的指導者たちが守勢に立たされ自信を失っているように見える。それは，ここ数年という比較的最近の，しかし共通した風景になっている。

　1980年代以降を振り返ってみると，さまざまな局面で，国と国の関係も，個人の生活も，政治も文化も経済も，あらゆるものを巻き込みながらグローバル化が進展してきた。そこには価値観の相違や制度と現実社会の動きの間の矛盾，そして新自由主義的な経済行為の行き過ぎや成果に関する格差の存在など多くの問題も発生していたが，その波は大きなところで価値や制度を共有し一体化する方向に進んできた。平和と繁栄，民主主義と自由，多様性を内包した融合と調和等，バランスを取るために目指す理念の姿は明確であり，その価値は共有されるべきものとなっていた。そしてその流れの先頭には，自らも統合を深めようとするヨーロッパがあった。現在の世界は，政治・経済・文化のあらゆる面でヨーロッパの影響を強く受けて形成されてきたのであり，共有されてきたのは「ヨーロッパ的な価値や制度」だったのである。

　それゆえに，政治・経済・文化のあらゆる局面で既存のシステムが大きな壁にぶつかり，共有されたはずの価値や制度が見直され，場合によっては既存の世界への激しい拒否反応が現れている現在，見直され，拒否反応を呼び起こしているものも「ヨーロッパ的な価値や制度」である。その意味で，今日の世界

とその行く末を考える上で，ヨーロッパ的なもののすべての再検討が要請されていると言えよう。

　われわれの共同研究「現代世界とヨーロッパ―見直される政治・経済・文化―」は，そのような状況を前提として，もはや自明なものではなくなりつつある世界が共有していた「ヨーロッパ的なもの」とは何なのかを改めて問い，それがヨーロッパ自身と世界に持った意味を再検討することを目指して開始された。ヨーロッパ自身が，「ヨーロッパ的なもの」とは何なのかを改めて問い始めている動きがあるとの認識のもとに，具体的にその現状を把握し，さまざまな場面に現れるその多様性と「ヨーロッパ的なもののすべて」が問い直されているその普遍性・総合性を学際的な共同研究によって分析して，その成果をヨーロッパに再び投げかけることを試みようとしたのである。

　2015年7月27日から2018年3月8日まで合計24回の研究会が行われ，その中で，学内メンバーの市川顕（EUにおけるエネルギーの安全保障），宮下博幸（ヨーロッパにおける言語とコミュニケーション），鳥羽美鈴（ヨーロッパ社会の中のイスラーム），望月康恵（ヨーロッパにおける政治的リスク回避と国際機関），野村宗訓（ヨーロッパにおけるインフラをめぐる共通政策），藤井和夫（ポーランドにおける国民国家の再認識とヨーロッパ）は定期的な発表と討議を行い，それに加えて学外の吉田勝一ウッジ大学講師（ポーランドにおける日本語教育），Tomasz Domański ウッジ大学教授（EU政策とポーランドの大学教育），久保広正摂南大学教授（EUの将来とわが国産業界の対欧州戦略），遠藤乾北海道大学教授（ヨーロッパの複合危機），荻野晃長崎県立大学教授（ハンガリー現代史と人の移動），宇野二朗横浜市立大学教授（ドイツにおける再公営化と市民参加）の方々にお忙しい中を研究会にご参加いただいて，それぞれご報告いただくとともに共同研究のテーマに関して議論を深める貴重な機会を得ることができた。議論のテーマは広い範囲にわたったが，ヨーロッパの現状や現在のさまざまな取り組みを知ることができ，また多様な角度からヨーロッパ的なものの意味を考える機会となって，その意味で研究会は常に刺激的，生産的であった。ご参加，ご協力をいただいた皆さんに心からのお礼を申し上げたい。

　その共同研究の成果の多くを本書に収録することができた。それぞれの論考から，われわれはEUの内部で共通政策が生まれる場合あるいはEUに外部の

国際機関が関わる場合の政治的な意思決定の力学や，人の移動や内なる多様性などさまざまなヨーロッパの個別の現実とひとつのヨーロッパとの間の相互作用と影響，あるいはそれが外部に与える問題，ヨーロッパが目指す理念に対するヨーロッパ自身の問いかけや統一した取り組みの可能性，個別の現実とひとつのヨーロッパとの間の微妙な関係やその関係が生み出す成果等，多くのことを知ることができるのではないかと考えている。読者の皆様のヨーロッパ理解の一助になれば幸いである。

　本書が生まれるに当たっては，研究会に参加してくださりあるいは本書にご執筆いただいた皆さんの他にも多くの方々のお力添えが必要であった。共同研究の機会を与えてくださった関西学院大学と産業研究所の高林喜久生所長にまずお礼申し上げねばならない。また研究会の運営から校正を含めた出版事務を担ってくださった産業研究所のスタッフの皆様にはずいぶん助けていただいたことに心より感謝申し上げる。そして，本書の出版をお引き受けくださり，編者の能力不足と怠惰から大幅に編集作業が遅れる中で根気強く励まし助けていただいた中央経済社の田邉一正氏には，これも心からのお礼を申し上げたい。

　　2019年1月

　　　　　　　　　　　　　　　　　　　　　　　　　　　　　藤井和夫

目　次

はしがき／i

第1章　EU エネルギー同盟の政治過程 ──────── 1
─2014年3月から9月を中心として─

1　はじめに　1
2　EU エネルギー同盟の政治過程　2
　2-1　EU エネルギー同盟の端緒　2
　2-2　EU エネルギー同盟に関するトゥスクのイニシアティブ　3
　2-3　エッティンガーの憂い　4
　2-4　『欧州エネルギー安全保障戦略』と『欧州首脳理事会決議』　6
3　ポーランドと EU の気候変動エネルギー政策に対する考え方の違い　8
　3-1　気候行動 DG の EU 気候変動・エネルギー政策に対する考え方　8
　3-2　ポーランドの EU 気候変動・エネルギー政策に対する考え方　9
4　EU エネルギー同盟に透けるポーランドの思惑　10
　4-1　ポーランドの思惑：①石炭利用　11
　4-2　ポーランドの思惑：②対露制裁　11
　4-3　ポーランドの思惑：③ポーランド国内政治　12
　4-4　ポーランドの思惑：④ポーランドにおけるセキュリティの議論　13
　4-5　ポーランドの思惑：⑤シェールガス開発　13
5　おわりに　14

第2章　欧州移民危機への国連の対応 ──────── 21
─ソフィア作戦における安保理決議の意義─

1　はじめに　21
2　地中海を通過する人々の移動への対応　22
　2-1　欧州連合（EU）による措置　22
　2-2　安保理決議による海上作戦の許可　24
3　国際法の適用　27
　3-1　国連海洋法条約（UNCLOS）　28

3-2　遭難への対応　29
　　3-3　組織犯罪への対応　32
　4　安保理による決定の含意　33
　　4-1　リビアに対する措置　33
　　4-2　安保理決議の法的，政治的意義　34
　　4-3　安保理の機能に対する示唆　37
　5　おわりに　39

第3章　ハンガリー現代史と人の移動―1956年，1989年，2015年― ―― 47

　1　はじめに　47
　2　ハンガリー事件（1956）と国境閉鎖　48
　　2-1　ハンガリー事件と難民　48
　　2-2　国境閉鎖と対オーストリア関係　50
　3　体制転換（1989）と国境開放　52
　　3-1　体制転換と国際環境　52
　　3-2　ルーマニアからの難民流入　53
　4　オーストリア国境の開放　54
　5　欧州難民危機（2015）と国境閉鎖　57
　　5-1　ハンガリーの国内政治　57
　　5-2　南部国境の閉鎖　58
　　5-3　EUとの対立　60
　6　おわりに　62

第4章　イスラームがヨーロッパ社会に与える影響 ―― 69

　1　はじめに　69
　2　世論とイスラーム　71
　　2-1　ヨーロッパのムスリム人口の増加　71
　　2-2　ヨーロッパ4ヵ国（フランス，ドイツ，オランダ，イギリス）の世論　74
　　2-3　フランスの世論　78
　3　在仏ムスリムの状況　81
　　3-1　ムスリム・アイデンティティの前景化　81
　　3-2　ムスリムに対する無理解　83
　4　政治とイスラーム　84

4-1　政治利用されるイスラーム　84
　　4-2　モスク建設への政治的介入　86
　5　おわりに　89

第5章　EUの将来とわが国産業の対欧戦略 ——————— 99
　1　はじめに　99
　2　EUの重要性　99
　3　EUの将来　102
　4　日・EU経済関係と経済連携協定　106
　5　おわりに－わが国産業の対欧州戦略の行方　109

第6章　公共サービスの再生—ベルリン水道公社の再公営化— ——— 115
　1　はじめに　115
　2　民営化・再公営化を評価する枠組み　116
　　2-1　水道事業の3つの論理　116
　　2-2　運営論理の操作化－各論理の定性的指標　119
　　2-3　方法と資料・データ　119
　3　改革過程　120
　　3-1　出発点　120
　　3-2　部分的民営化　121
　　3-3　再公営化へ　122
　4　運営論理の変化－定性的指標による事業運営の評価　123
　　4-1　指標1：費用削減　123
　　4-2　指標2：料金水準と収益率　125
　　4-3　指標3：意思決定構造と利害関係者の参加　128
　　4-4　指標4：社会的な配慮　129
　　4-5　指標5：投資規模の推移　130
　　4-6　指標6：施設水準の業績　130
　5　おわりに　131

第7章　インフラ産業のグローバル化 ——————————— 137
　1　はじめに　137
　2　民営化と自由化の政策潮流　137

2-1 垂直分割による競争条件の整備　137
   2-2 独立規制機関の設立と政策調整　139
  3 所有権移転を通したグローバル化　141
   3-1 M&Aによる国際寡占　141
   3-2 ガバナンスの不安定化　143
  4 公共サービス維持のスキーム　146
   4-1 民営化企業に対する政府・自治体の関与　146
   4-2 コンセッション・有限責任保証会社の意義　148
  5 EU離脱で孤立を深めるイギリス　150
   5-1 ブレグジットに伴う損失　150
   5-2 新型原子力計画の不確実性　151
  6 欧州インフラ産業の新たな展開　154
   6-1 LCC誘致とセカンダリー空港の活用　154
   6-2 郵政会社の宅配ビジネス強化　157
  7 おわりに―デジタリゼーションに基づく成長―　159

第8章　過渡期ポーランドの自画像 ―――― 163
　　　　　―ポーランド・EU関係と消費の情熱―

  1 はじめに　163
  2 ポーランド人にとってのEU　165
  3 体制転換以前への郷愁　168
  4 経済危機とポーランド　172
  5 体制転換と経済改革　174
  6 おわりに　177

Chapter 9　Internationalisation of Polish Universities under the EU ERASMUS Programme: The case of the University of Lodz and the Faculty of International and Political Studies ―――― 183

  1 Introduction　183
  2 ERASMUS — European exchange of students and academic staff　184
  3 Polish universities in the European ERASMUS programme　187

4　Erasmus at the University of Lodz　191
　4-1　Internationalisation strategy of the University of Lodz　191
　4-2　Erasmus program at the University of Lodz　192
5　Internationalisation strategy of the Faculty of International and Political Studies of the University of Lodz: the role of Erasmus programme　195
6　Conclusion — future challenges　201

あとがき／207

"Europe in the modern world – Reviewing its policy, economy and culture"

Contents

Chapter 1 The Political Process on the EU Energy Union:From March to September in 2014   1（20）

Chapter 2 EU migration crisis and the UN Security Council: Security Council Resolution and EUNAVFOR Med Operation Sophia   21（45）

Chapter 3 Modern Hungarian History and Migration Problems: 1956, 1989 and 2015   47（67）

Chapter 4 The influence of Islam on European society   69（98）

Chapter 5 The future of the EU and European strategy by Japanese industries   99（114）

Chapter 6 Revival of Public Services: Remunicipalization of Berlin Water Company   115（136）

Chapter 7 Globalization of Infrastructure Industries   137（162）

Chapter 8 Reconcideration of the restructuring process in Poland in the period of transformation   163（181）

第９章　EU エラスムス計画によるポーランドの大学の国際化：ウッジ大学国際関係・政治学部の事例　　183（205）

（第９章のみ和文表記。また，ページ数のあとの（　）の数字表記はサマリーのページを示す）

第1章

EUエネルギー同盟の政治過程
―2014年3月から9月を中心として―

市川　顕

1　はじめに

　現在のユンカー（Jean-Claude Juncker）率いる欧州委員会の主要な優先項目[1]の1つは，EUエネルギー同盟の創設である。EUエネルギー同盟は，2014年2月に端を発するウクライナ危機をうけ，ロシアのガスに過度に依存している欧州の状況に危惧の念を抱いたポーランド首相（当時）トゥスク（Donald Tusk）（現在は欧州首脳理事会常任議長）によって，同年3月に提唱されたもので，その目的としては以下の5点が挙げられる。
　第1は，外部のガス供給者（特にロシアのガスプロム）に対して，EU加盟国が個別に購入・価格交渉を行うのではなく，EUが一体となってガス共同購入交渉を行うこと，である。これにより，旧共産圏および中小のEU加盟国がより強い交渉力を身につけることが企図された。第2に，EU域内のエネルギー・インフラの相互連結性（インター・コネクティヴィティ）を高めるために，EUが資金提供および投資を積極的に行うこと，である。EU加盟各国内での電力を相互に融通し合う体制が整えば，加盟各国が電力危機に見舞われる可能性が減じる。第3に，ガス供給不足に見舞われた国に対して，他のEU加盟国がガスを融通する連帯メカニズムの導入である。これにより，あるEU加盟国がガス供給を止められても，他のEU加盟国からガスの転売を受けることで，エネルギー危機を乗り越えることが可能となる。第4はEU加盟国の域内に存在する化石燃料を含む資源を活用すること，である。これにより，再生可能エネ

ギーのみならず，シェールガスや石炭といった欧州域内の化石燃料にも再度焦点が当てられた。そして第5にアメリカ・カナダ・オーストラリアといった，ロシア以外のガス供給国との提携関係を深め，ガス供給の多様化を図ることである。

本章では，議論の対象となる時期を2014年3月から9月に絞った。2014年3月はポーランド首相のトゥスクがEUエネルギー同盟を提唱した時点であり，2014年9月はそのトゥスクが，ファン・ロンパイ（Herman Van Rompuy）のあとをうけて欧州首脳理事会常任議長への就任が決定した時点である。これ以降のトゥスクの立場はポーランド一国を代表するものではなく，自ずとその性質は変化するため，本章では特にこの期間に焦点を当てる。

ここでの政治過程の分析を通じて，なぜEUエネルギー同盟がポーランド首相によって発案されたのか，その思惑とは何か，そこでどのような「ヨーロッパ的なるもの」が言説上にのぼったのかを考察したい。

2　EUエネルギー同盟の政治過程

ここでは，2014年3月から9月までのEUエネルギー同盟の政治過程を概観する。

2-1　EUエネルギー同盟の端緒

トゥスクがEUエネルギー同盟について初めて言及したのは2014年3月29日である。ポーランドのティヒ（Tychy）にある石炭火力発電所の無煙炭コ・ジェネレーション装置の起工式典における演説である。ここで彼は，「欧州連合はウクライナ危機およびそれによる石油・ガス供給の混乱への脅威に対抗するために，EUエネルギー同盟を創設すべき」（Platts Oilgram News 2014.4.1）と訴えた。彼は3月31日にポーランドの政治雑誌 Wprost Weekly の主催した会議「ポーランドはエネルギーの独立を確保できるか」においても同じ主張を行った（Polish News Bulletin 2014.5.31）。

実は，この種の提案は過去にもあった。古くは欧州委員会委員長であったドロール（Jacques Delors）や欧州議会議長であったブゼク（Jerzy Buzek）も同

様の発案をしていたし，近いところでは2014年3月21日にも当時の欧州首脳理事会常任議長ファン・ロンパイが「こんにち私たちは，ヨーロッパは特にロシアへのエネルギー依存を減らす必要があるという，明白なシグナルを送っている」，「ロシアとの契約交渉に各国が望む際には，EU がチームとして機能することが必要だ。情報をもっと共有すること，契約条件について透明性を確保すること，これらが私たちの交渉能力を高めることにつながる」，「ヨーロッパはまず，石炭と鉄鋼のためのコミュニティとして作られた。64年後，新しい環境において，私たちがエネルギー同盟に向かって進む必要があるのは明らかだ」（EurActiv 2014.3.22）と発言していた。しかし，この後の政治過程を見て行くと，EU エネルギー同盟の議論を牽引したのは，明らかにトゥスクであるといってよい。

2-2　EU エネルギー同盟に関するトゥスクのイニシアティブ

　トゥスクは2014年3月末から EU エネルギー同盟への言及を開始したが，これに対して早くから賛意を表したのは中・東欧諸国，特にバルト三国であった。4月2日にはリトアニア首相ブトケヴィチュース（Algirdas Butkevicius）が賛意を表明（Baltic News Service 2014.4.2）。この上々の滑り出しに，トゥスクは「われわれの EU における立場は十分強固であり，われわれが EU エネルギー同盟に関する議論に影響を与えることができることは確実である」（Polish News Bulletin 2014.4.2）と述べた。4月9日にはラトビア首相ストラウユマ（Laimdota Straujuma）がワルシャワを訪れ，トゥスクと会談した。会談後の記者会見で，トゥスクはラトビアが EU エネルギー同盟を支持した（ITAR-TASS 2014.4.9）ことに感謝の意を表し，ストラウユマは「EU エネルギー同盟は，中・東欧諸国におけるエネルギー供給源の多様性確保のための効率的なツールとなる」との見解を示した（Polish News Bulletin 2014.4.10）。

　他方で，ドイツは慎重だった。これはロシアとドイツの間に，他の EU 加盟国よりも，有利な条件のガス契約が存在したことに依る。ドイツのメディアもトゥスクの本気度を測りかねていた。Die Zeit 紙はトゥスクに対して，「EU エネルギー同盟とは「ドイツやポーランドへのロシアからのガス供給について，将来 EU が交渉するべきだということか？」と質問し，トゥスクは「信じがた

いか？（中略）私にとってEUエネルギー同盟は，現在生じている危機への対応なのだ。私たちは統合を深化させなければならない。私たちはEUエネルギー同盟を必要としている。（中略）私たちがロシアのガスからの独立を求めるのならば，いまこれを始めなければならない」と返答している（BBC Monitoring Europe 2014.4.7）。実際のところ，初期の段階でドイツはトゥスクのガス共同購入案や対露制裁の強化に二の足を踏んだ（The Prague Post 2014.4.29）。また，ドイツ経済界の中には，ドイツ経済にはロシアへの輸出に依存する業界もあることから，対露制裁の色合いを含むEUエネルギー同盟は「危機解決にとって効率的な方法ではない」（ITAR-TASS 2014.5.10）と捉えられる傾向にあった。

そこでトゥスクは，4月21日にフィナンシャル・タイムズ紙に論文を掲載し，「1　はじめに」で述べた5つの目的を明確に打ち出した（Tusk 2014）うえで，EU域内における要人詣を敢行する。4月23日には欧州首脳理事会常任議長ファン・ロンパイと，翌24日にはパリでフランスのオランド（Francois Hollande）大統領と会合を行った（Polish News Bulletin 2014.4.24）。このトゥスク＝オランド会談は重要なものとなった。会談後オランドは，フランスは，ロシアのガスへの欧州の依存度を下げるため，EUエネルギー同盟案に賛成すると発言（BBC Monitoring Europe 2014.4.25），ポーランドの提案は「ポーランドとフランスの提案となった」（BBC Monitoring Europe 2014.6.11a）とまで述べた。この言葉を手にしたトゥスクは同日ベルリンに飛び，独メルケル（Angela Merkel）首相との会合に臨んだ。メルケル首相は，この問題については「検討を継続する」としながらも，もはやポーランド＝フランスの提案となったEUエネルギー同盟に対しては「支持する」ことを表明した（Polish News Bulletin 2014.4.28）。4月28日にはルーマニア首相ポンタ（Victor Ponta）もEUエネルギー同盟への支持を表明。トゥスクは提案後1ヵ月で，独仏および中・東欧諸国やバルト三国の多くからEUエネルギー同盟の支持を集めることに成功した。

2-3　エッティンガーの憂い

2014年5月2日，欧州委員会エネルギー委員エッティンガー（Guenther Oettinger）とトゥスクの会談がワルシャワで行われた。エッティンガーは会談

後,「私たちは欧州共通市場における統一したガス価格を望んでいる」「モスクワによって提案されたゲームは，EU加盟各国は認めることはできないし認めることもないだろう」と語り，EU主導でロシアからのガス供給問題に取り組む姿勢を鮮明にした（EurActiv 2014.5.2）。

　もちろん，エッティンガーはトゥスク案のすべてに諸手を挙げて賛成したわけではない。むしろ，他のEU加盟国と比較してロシアと有利なガス購入条件を持つドイツ出身の欧州委員として，一定の憂いもあった。たとえば，5月中葉には，欧州域内のガス統一価格（Polish News Bulletin 2014.5.16）や，ガス共同購入（Polish News Bulletin 2014.5.19）について，彼は留保をつけた。さらに，トゥスクの対露強硬路線に懸念を表して，「EUにとってガスは商品であり，政治的な武器ではない」と述べたり，ロシアのガスプロムの支配的地位については，EUエネルギー市場の競争を刺激することで制限可能であるとの見解を示したりもした（Polish News Bulletin 2014.5.15）。

　しかし，EU加盟諸国におけるEUエネルギー同盟賛成への勢いは強かった。4月下旬のトゥスク＝オランド，トゥスク＝メルケル会談後，5月2日にはスペイン首相ラヨイ（Mariano Rajoy）も賛意を表明する（Polish News Bulletin 2014.5.2）。さらに5月5日にはリトアニアの欧州委員（税・関税同盟および会計不正担当）であったセメタ（Algirdas Semeta）が「EUはいま初めて，エネルギー安全保障の問題に直面している。私たちは言葉だけでなく，行動しなければならない。トゥスクのアイディアは，リトアニアにとって考慮する価値のあるものだ」（Baltic News Service 2014.5.5）と首都ヴィルニュスで開催されたリトアニアのEU加盟記念式典の演説で述べた。同じリトアニアはエネルギー大臣ネヴェロヴィツ（Jaroslaw Neverovic）も5月7日にポーランドのカトヴィツェでEUエネルギー同盟への賛成を明言した（Baltic News Service 2014.5.8）。また5月6日にはブルガリア大統領のプレヴネリエフ（Rosen Plevneliev）がインタビューに応じ，「現存する経済問題，ナショナリズムの勃興およびウクライナ危機に対する最も正しい答えは「もっとヨーロッパになること（More Europe）」である」と述べ，「私たちは，より強いEUのために，新しいエネルギー安全保障の段階に至らねばならない」（BBC Monitoring Europe 2014.5.7）と強力にEUエネルギー同盟を支持した。5月9日には，のちに欧州委員会委員

長に就任するユンカーも EU エネルギー同盟への賛意を表明した（BBC Monitoring Europe 2014.5.9）。5月10日には欧州委員会委員長バローゾ（Jose Manuel Barroso）がヤギェヴォ大学開学650年の記念式典のためにクラクフを訪れトゥスクと会談し（Polish News Bulletin 2014.5.12），この中でバローゾは，EU エネルギー同盟という「インスパイアされたアイディア」を提案したトゥスクに賛辞を送ったという（EurActiv 2014.5.26）。このように，EU エネルギー同盟に対する賛成の流れは，加盟国政府のみならず欧州委員会にも見られるようになり，さらには欧州議会での EU エネルギー同盟への賛成の動き[2]などを考慮して，エッティンガーも具体的な政策立案に向けた動きを探るようになった。

2-4 『欧州エネルギー安全保障戦略』と『欧州首脳理事会決議』

　上記のような加盟国に端を発し，欧州委員会や欧州議会をも巻き込んだ EU エネルギー同盟の議論は，欧州委員会が2014年5月28日に発表した『欧州エネルギー安全保障戦略（European Energy Security Strategy）』に盛り込まれた。ここではエネルギー供給について，EU の利益を保護することを目的としてさらなる努力が必要であると述べられている（Polish News Bulletin 2014.8.4）。BBC はこの文書を以下のように評している。「欧州委員会の他の文書同様に，この専門用語で埋め尽くされた文書を読み解くのは困難だ。しかし，この文書の結論は明らかである。欧州委員会は，<u>トゥスクによって推進されている EU エネルギー同盟の提案のほとんどを，この文書に盛り込んだということだ</u>（下線強調は著者による）」（BBC Monitoring Europe 2014.6.11a）。

　この文書の発表後の5月29日にはクロアチア大統領ヨシポヴィチ（Ivo Josipovic）が「これは長期的・戦略的なプロセスであり，消えることはない」と発言し，EU エネルギー同盟への強い支持を表明した（Al Jazeera 2014.5.29）。6月4日にはエストニア外相パエト（Urmas Paet）が「エネルギー依存を減らすことは重要だ。EU はエネルギー安全保障の強化，エネルギー問題の解決，地域エネルギー・プロジェクトの実施，およびそのための行動計画の策定を行うべき」として EU エネルギー同盟を支持した（Baltic News Service 2014.6.4）。さらに6月11日にはブルガリアの野党党首で前首相であるボリソフ（Boyko

Borrisov) も「EU は「統一は力である」ということがわかるようになった」「欧州委員会委員長は，より効果的な方法でロシアとのガス価格交渉を行うことができるようにすべき」と述べた（BBC Monitoring Europe 2014.6.11b）。このように，EU エネルギー同盟は，ロシアからのガス依存度の高い，また，地政学的に安全保障上ロシアの影響を受けやすいバルト三国および中・東欧諸国から，特に強い支持を得た。

　このような関心の高まりは，6月23日の『欧州首脳理事会決議』に反映された。ここでは，これから数年間の欧州連合の課題として，①雇用・成長および競争力，②市民のエンパワメント，③エネルギー同盟，④自由・安全・公正，⑤力強いグローバル・アクター，の5つを挙げた。エネルギー同盟の議論は，上から3番目に入っており，（1）再生可能エネルギーや地域固有のエネルギーを含むエネルギー供給のさらなる多様化の加速，（2）EU の集団的交渉力の十全な利用，（3）相互連結性を含むエネルギー多様化を支えるエネルギー・インフラの発展，（4）エネルギー効率を利用したエネルギー需要の減少，そして（5）温室効果ガス排出削減・エネルギー効率改善および再生可能エネルギー利用の推進・EU-ETS（EU 排出権取引システム）に基礎を置いたコスト効率の高い方法での2030年目標の達成，が記載されている（The Telegraph 2014.6.23）。

　さらに，欧州首脳理事会は6月26-27日に開催された会議において，上記『欧州首脳理事会決議』を下敷きとした『戦略ブループリント』を承認した。ここでも，「私たちのエネルギーの将来をより確かなものにすることは十分に可能であり，私たちは安価で，安全で，環境に優しいエネルギーを目標とする EU エネルギー同盟の創設を求める」（EurActiv 2014.6.25）としている。

　この6月27日の欧州首脳理事会で，次期欧州委員会委員長としてユンカーが指名されたことは重要である。前述の通り，ユンカーは EU エネルギー同盟に前向きであり，5月9日の時点（BBC Monitoring Europe 2014.5.9）ですでに，共同購入案も含めた EU エネルギー同盟に賛成の立場を明確にしていた[3]。BBC のインタビューに対してユンカーは，雇用創出の他に EU が抱える重要案件は何かとの問いに対して，「私たちは，EU エネルギー同盟を必要としている。私たちはロシアからのエネルギー依存から解放されなければならない。

このことは，EU 域内のエネルギー効率の改善も含む」として，自らの EU エネルギー同盟への関心の高さを示した（BBC Monitoring Europe 2014.7.15）。

さらに，2015年上半期の議長国がラトビアであることも指摘すべきだ。ラトビアは2015年1～6月の自らの議長国アジェンダとして，2014年6月の『欧州首脳理事会決議』を基礎とすることを決め，8月29日の EU 総務理事会の席上，ラトヴィア外相リンケヴィクス（Edgards Rinkevics）は EU エネルギー同盟について，次期議長国として大きな関心を示した（Baltic News Service 2014.8.29）。

3　ポーランドと EU の気候変動エネルギー政策に対する考え方の違い

では2節で概観した EU エネルギー同盟をめぐる政治過程は，どのような文脈において把握することが望ましいのか。ここでは，本章の目的が，なぜ EU エネルギー同盟がポーランド首相によって発案されたのか，その思惑とは何か，その過程においてどのような「ヨーロッパ的なるもの」が言説上にのぼったのか，であることを考慮に入れ，その前史ともいえる気候行動 DG[4] の EU 気候変動・エネルギー政策に対する考え方と，ポーランド政府の EU 気候変動・エネルギー政策に対する考え方の違いを把握したい。

ここでは，両者ともに政治的現実主義（エネルギー安全保障），経済的利益，メタ規範という3つの論点で議論しているにもかかわらず，主張する気候変動規範が正反対であることを確認する。

3-1　気候行動 DG の EU 気候変動・エネルギー政策に対する考え方

著者はかつて，EU における気候変動規範について，当時の気候行動委員であったヘデゴー（Connie Hedegaard）のスピーチ原稿やプレス・リリースを元に整理したことがある[5]。ヘデゴーは大別して以下の2つの気候行動規範を主張した。第1は，EU が国際的な場で気候変動問題の先導者たるべきだ，というものであり，第2は，気候変動問題に対して喫緊に行動を起こすべきだ，というものである。

この2つの気候変動規範を支えるのが，3つの論理，すなわち「政治的現実主義（エネルギー安全保障）」・「経済的利益」・「メタ規範」である。

「政治的現実主義」についてヘデゴーは，巨額の資金を中東の石油やロシアのガス購入に充てるのではなく，エネルギー効率改善や再生可能エネルギー普及促進など EU 域内の雇用に資する分野に投資することを主張した。次に「経済的利益」については，エネルギー効率改善と再生可能エネルギーの普及促進こそが EU 経済の国際競争力の源泉たりうるとして，①教育・研究・イノベーションへのより効果的な投資を通じた賢い成長，②低炭素で資源効率性の高い持続可能な成長，③雇用の創出をともなう包摂的な経済，を目指すとした。そして「メタ規範」については，気候変動への対応をコストではなく投資・機会として把握すること，今この問題に対応しなければ将来高い代償を払うことになること，そして成長概念を GDP から，豊かな自然や綺麗な環境や社会的結束によって計測される，いわゆる「豊かさ指標」のようなものであるべきものとすること，を提示している。

このようにヘデゴーが，2つの気候変動規範を3つの包括的な論理によって支えたことで，当該規範は EU 域内において広範な支持を獲得し，EU は国際的な気候変動交渉の場で EU が説得的な「1つの声（One Voice）」をあげることが可能となった（市川 2015 214-219頁）。

3-2 ポーランドの EU 気候変動・エネルギー政策に対する考え方

しかし EU 随一の石炭資源国であるポーランドは，EU の野心的な気候変動・エネルギー政策に一貫して反対してきた。トゥスクこそまさに，EU 気候変動・エネルギー政策に強硬に反対してきた，その人であった。著者は前著で，EU 気候変動・エネルギー政策形成過程におけるポーランドについて分析した。

ポーランドの石炭消費量（2010年）は世界第8位，同生産量は世界第9位，また石炭火力発電所の設置出力（2012年）は世界第9位，同発電実績（2009年）は世界第10位という典型的な石炭資源国である（市川2015, 219-220頁）。ポーランドは EU の気候変動・エネルギー政策の嚆矢とも言える2007-8年に議論された「トリプル20」（2020年までに CO_2 排出量を1990年比で20%削減，エネルギー効率20%改善，一次エネルギー生産における再生可能エネルギーの割合20%達成）に加盟国中唯一反対した。さらに2011-2012年に議論された「エネルギー・ロードマップ2050」（ここでは2050年までに CO_2 排出量を1990年比で80-95%削減

するものとした）についても，加盟国中唯一反対した。ポーランドでは閣僚から，EUの気候変動・エネルギー政策は野心的すぎるとして「低炭素ではなく，低排出について議論すべきだ」「低炭素といえばその焦点は石炭に向かうが，低排出といえばエネルギー効率を含むより広範なアプローチについて検討することが可能だ」「ポーランドの最大の燃料は石炭であって，EUの野心的な気候変動・エネルギー目標を達成することは困難だ。石炭を他のエネルギー源に置き換えるのはポーランドにとっては現実的ではない」「ある国にとっては達成が容易なことでも，別の国では達成が困難な問題もあるのだ」との不満が噴出した[6]。

このようにポーランドは，石炭利用を継続すべき，という対抗規範を立ててEU内で孤立的反対者としての立場を採った。そして，この対抗規範を支える3つの論理としては，以下のように立論した。

「政治的現実主義」については，自国に存在する石炭資源の有効活用こそがエネルギー安全保障に寄与するというものであり，「経済的利益」については，すでに石炭を基盤として成り立っている自国の経済構造に変更を加えないことが最も有益であるという主張であり，「メタ規範」としては，ゆえに，気候変動への対応は石炭の効率的・効果的利用によって達成されるべきである，という論理を提示した（市川 2015 220-229頁）。

このように，2014年にトゥスクがEUエネルギー同盟を提唱する以前，EUとポーランドの間でEU気候変動・エネルギー政策およびそれに関する規範についての対抗関係が存在していたことは，EUエネルギー同盟の政治過程を理解する上では押さえておかなければならない重要な点である。

4 EUエネルギー同盟に透けるポーランドの思惑

それではなぜ，2014年3月になって，トゥスクがEUエネルギー同盟を主張し，これを欧州委員会の優先事項にまで引き上げる役割を担ったのだろうか。以下，ポーランドがEUエネルギー同盟を提案した思惑を検証してみたい。

4-1　ポーランドの思惑：①石炭利用

　第1は，欧州委員会気候行動 DG の目指す再生可能エネルギー普及およびエネルギー効率改善によるエネルギー安全保障ではなく，ポーランド国内の石炭利用によるエネルギー安全保障を主張したかったことが挙げられる。前述の通り，トゥスクは2014年3月29日に，EU エネルギー同盟を初めて公にした。ここで彼は，「ここ数週間の経験で，エネルギーについて欧州がより多くの連帯を必要としていることが明らかになった」「EU は石炭鉄鋼共同体として創設された。石炭とエネルギーの問題がこのような形でもう一度議論の俎上に上ることなど予想した人はほとんどいなかっただろう」（Platts Oilgram News 2014.4.1）と述べている。彼の提案した EU エネルギー同盟の議論が，ポーランド国内の石炭利用を意識していたことは明白である。

4-2　ポーランドの思惑：②対露制裁

　第2は，ポーランドが地政学的に隣国のウクライナ危機に対して，安全保障上極めて敏感であり，より有効な対露制裁の方法を模索していたことが挙げられる。前欧州議会議長のブゼクは「私たち（EU）がロシアのエネルギーから独立を果たすことは，モスクワ（露政府）にとって最も厳しい制裁となるだろう」（BBC Monitoring Europe2014.4.2）と語ったことがこれを象徴している。また，トゥスクはロシアからガスを輸入する EU 加盟18ヵ国首脳に手紙を送り，その中で「EU は，対露関係において統一的な姿勢を保つべきである」「1つのアクターとしての EU が重要なのであり，EU 加盟各国がロシアとのバイラテラルな交渉をするのではなく，EU として共同して対応すべきだ」（ITAR-TASS 2014.4.22）とした。また，ポーランドの欧州担当大臣であったセラフィン（Piotr Serafin）は，EU の対露姿勢が楽観的すぎたとの見方を示し，ポーランドの EU エネルギー同盟の提案の正当性を主張した。「多くの EU 加盟国は，それぞれが強い二国間関係を持っているので，ロシアをなだめることができるとたかをくくってきた。しかしこんにち，ポーランド以外の EU 加盟国が間違っていたことが明白となった。ポーランドは EU エネルギー同盟を提案し，長期的に EU のエネルギー安全保障を確保しようとしている」（Polish News

Bulletin 2014.5.29)。このような,ポーランドの強気の対露姿勢は,EUエネルギー同盟の創設により,「EUとクレムリンの関係をひっくり返す」(The Prague Post 2014.4.29) ことを目的としていた[7]。

これに対して,チジョフ(Vladimir Chizhov)駐EUロシア大使は,EUエネルギー同盟について,「これはエネルギーの多様化なのか?この計画はEUのエネルギー政策の哲学とは真逆である。なぜなら,EUエネルギー政策は,エネルギー市場の自由化を目的としていたからだ。違うか。」(EurActiv 2014.6.6)と不快感をあらわにしたし,ロシア外相ラヴロフ(Sergey Lavrov)は,「EU加盟国の中にはあからさまに,エネルギー問題に関して,ロシアとEUとの間の関係を悪化させようとする目的を持つものがいる」と述べ,「非建設的」「不誠実」という言葉を繰り返し用いて,EUエネルギー同盟の動きを非難した(BBC Monitoring Europe 2014.6.12)。これらのロシア側の反応を鑑みると,EUエネルギー同盟の持つ政治的な対露制裁効果が大きいことが読み取れよう。

4-3　ポーランドの思惑:③ポーランド国内政治

トゥスクがEUエネルギー同盟を主張してから2ヵ月後の2014年5月25日,ポーランドでは欧州議会議員選挙が行われた。トゥスク率いる「市民プラットフォーム」はこの選挙において,ライバル政党「法と正義」を抑えて,辛くも第1党の座を得た[8]。「法と正義」は右派ナショナリスティック政党であるが,リベラルでEU志向である「市民プラットフォーム」のトゥスクが,石炭利用をEU側に説得的に認めさせるEUエネルギー同盟の議論を展開[9]したことは,ポーランドの国益を最優先に投票する,通常であれば「法と正義」に投票する有権者に対して大きなアピール材料となった(Polish News Bulletin 2014.4.3)。他方で,EUエネルギー同盟案は,EU志向の「市民プラットフォーム」支持者に対しても一定の配慮が行われている。EUエネルギー同盟は,エネルギー危機に陥った国をEU加盟国が支援する「連帯メカニズム」や,エネルギー・インフラの相互連結性の強化が盛り込まれており,「EU統合からの利益」に敏感な自らの政党の支持層へも配慮した内容となった。

4-4　ポーランドの思惑：④ポーランドにおけるセキュリティの議論

　こちらもポーランドにおける国内政治的要因とも言えるが，この時期，ポーランドでは，多角的なセキュリティ（安全保障）に関する議論が展開されていた。この議論を牽引していたのは，上院議員のボルセヴィチ（Bogdan Borusewicz）である。彼はポーランドの地政学的な立場とロシア＝ウクライナ関係の不安定化を背景として，ポーランドのセキュリティを高めるためには，①米軍を国内に配置するよう求める軍事的セキュリティ，②ユーロに加盟するという通貨のセキュリティ，そして③エネルギーの安定供給を確保するというエネルギー・セキュリティの3つが重要であると主張していた（Polish News Bulletin 2014.5.1・BBC Monitoring Europe 2014.5.2）。

　また，ポーランド外相のシコルスキ（Radoslaw Sikorski）は2014年9月12日，「ポーランドの外交政策は，大西洋の両側で共有された原理や価値に基づいている。（中略）われわれは，安全保障，経済，民主主義建設といったあらゆる分野において，大西洋を横断するコミュニティにおける協力関係を維持しなければならない。この点において，大西洋横断貿易投資パートナーシップ協定（TTIP：Transatlantic Trade and Investment Partnership）は欧州のエネルギーの独立のために重要な位置を占めることになるかもしれない」（EurActiv 2014.9.12）と述べ，アメリカを巻き込んだ形での多角的なセキュリティのあり方に言及した。

4-5　ポーランドの思惑：⑤シェールガス開発

　ポーランドでは，石炭と並んで，シェールガス開発への期待が盛り上がりを見せていた。トゥスクは2013年12月にポーランド・ワルシャワに気候変動枠組み条約（UNFCCC）の第19回締約国会議（COP19）をホストした[10]際，その会期中にCOP19の議長を務める環境大臣をコロレツ（Marcin Korolec）からグラボフスキ（Maciej Grabowski）に変更するという前代未聞の行動を採った[11]。グラボフスキはシェールガスの開発推進を掲げる経済学者であり，この資源開発に熱心であった。2013年6月当時，ポーランドにおいて約60のシェールガス井の採掘が確認されていた（EurActiv 2014.9.20）。ポーランド国民も2013年の意識

調査において73%がシェールガスに肯定的（EurActiv 2014.9.16）であり，これも域内資源の有効利用というEUエネルギー同盟の主張に拍車をかけた。

5　おわりに

　繰り返しになるが本章の目的は，①なぜEUエネルギー同盟がポーランド首相によって発案されたのか，②その思惑とは何か，③その過程においてどのような「ヨーロッパ的なるもの」が言説上にのぼったのか，を明らかにすることであった。

　①については，EUエネルギー同盟を主張したポーランドにとっては，EU域内のエネルギー安全保障を強調し，加盟国内のエネルギー資源の利用を推奨するEUエネルギー同盟の創設を唱えることで，3-1および3-2で指摘した，EUの気候変動・エネルギー政策に対する欧州委員会とポーランドの考え方の違いを埋めることができる好機と考えていた。つまり，積年の意見の相違を埋める，いわば「機会の窓」として把握された。また，ウクライナ危機を背景として，再生可能エネルギーの普及やエネルギー効率の改善といった長期的・理想主義的な解決策より，自国に存在する化石燃料の活用という短期的・現実的な対応を，欧州委員会に迫る意味も存在した。

　②については4-1から4-5で詳述したので繰り返さない。

　まとめとして強調すべきは③であろう。ポーランド首相当時のトゥスクは，ポーランドの国益を主張しつつも，「ヨーロッパ的なるもの」，換言すれば，「EUにおいて受け入れられる言説」を散りばめて，EUエネルギー同盟を主張した。

　古くはECSC，新しくは銀行同盟，を引き合いに出してEUエネルギー同盟の存在意義を語ったり（EurActiv 2014.4.23），エネルギーの相互融通を意味する「連帯」，ロシアに対する共同購入やEUとしての交渉を行うための「1つの声」，トランス・ヨーロピアン・ネットワーク（TENs：Trans-European Networks）を想起させるエネルギー・インフラの相互連結性に言及したり，そして何よりもエネルギーの問題[12]をヨーロッパ全体の安全保障の問題と規定したこと，がそれである。

このように「EUにおいて受け入れられる言説」を用いて，ポーランドが自国の国益に沿う政策をEUへとアップロードし，EUエネルギー同盟が，従来のEU・ポーランド間のEU気候変動・エネルギー政策に対する気候変動規範の相違を埋める契機として開始されたことは，記憶されておくべきである。

(謝辞) 本章は，2015-2017年度関西学院大学産業研究所共同研究プロジェクト「現代世界とヨーロッパ―見直される政治・経済・文化―」（研究代表者：藤井和夫）および2016-18年度科学研究費補助金基盤研究（C）「「EUエネルギー同盟」をめぐる規範と現実」（課題番号：16K03540）（研究代表者：市川顕）の成果の1つである。

●注
1 2014-19年のユンカー体制における欧州委員会の10大優先事項は，①雇用・経済成長・投資，②デジタル単一市場，③エネルギー同盟・気候変動，④域内市場，⑤より進化したより公平な経済通貨同盟，⑥バランスのとれた米＝EUのFTAの締結，⑦基本的人権，⑧人の移動，⑨より力強いグローバル・アクターへ，⑩より民主的なEUへ，となっている（詳しくは，https://ec.europa.eu/commission/priorities_en を参照のこと）。
2 Polish News Bulletin（2014.5.19）によれば，欧州議会内ではEUエネルギー同盟に関して賛否が分かれていると指摘される。賛成側の意見としては，ロシアのガス供給からの独立を達成し，再生可能エネルギーの利用とエネルギー効率の改善によって，エネルギー安全保障が高まると好感するものである。たとえば，スコットランドの外務事務次官であるヒスロップ（Fiona Hyslop）はEUエネルギー同盟について，「欧州を近代的な再生可能エネルギーの中心地とし，気候変動に立ち向かうものである」として評価する（EurActiv（2014.7.24））。他方，反対側の意見としてはEUエネルギー同盟により国内（域内）エネルギー資源の利用が過度に強調されると，気候変動の点から有害とみなされる石炭利用が進む可能性があることが指摘される。この点については，欧州低炭素エネルギー移行を促進するシンクタンクであるE3Gのマービー（Nick Mabey）が「ポーランドの案では，石炭火力発電所の利用の継続が正当化され（中略）気候変動に関するEUの政策と矛盾する」と述べている（EurActiv 2014.6.12）。
3 7月時点でのユンカーのEUエネルギー同盟への支持については，Polish News Bulletin（2014.7.11a）およびPolish News Bulletin（2014.7.11b）を参照のこと。
4 Directorates General の略称。総局を表す。
5 市川（2015）を参照のこと。
6 市川（2015）を参照のこと。
7 ただし，ポーランド側も対露関係をいたずらに刺激しないように配慮していたことも確かである。ポーランド外相のシコルスキは，一方でEUのロシアへの対応を「もしEUの

クリミア併合に対する対応が，ポーランドが主張していたようにより力強いものであれば，そして，もしEUがもっと迅速な制裁に踏み切っていれば，ドネックにおける現在の戦争は起こらなかったであろう」と批判した。しかし他方では，「ポーランドが欧州のエネルギーにおける連帯について述べると，しばしば「ロシア嫌い」とよばれることがあるが，EU諸国は今ようやくEUが連帯して一致した立場をエネルギーに関して取る必要があることを理解した」「EU諸国におけるエネルギーの連帯は，長い目で見ると，加盟国すべてにとって安全保障および経済発展において重要なものとなる」と述べ，「ロシア嫌い」だからEUエネルギー同盟を提唱したわけではないことを強調した（EurActiv 2014.9.12）。

8 「市民プラットフォーム」は32.13%（19議席），「法と正義」は31.78%（18議席）の票を獲得した。前回2009年の欧州議会選挙で「市民プラットフォーム」は44.43%（25議席），「法と正義」は27.40%（15議席）だったことを考えると，今回は辛くも第1党を守った形となった（http://www.europarl.europa.eu/elections2014-results/en/country-results-pl-2014.html）。

9 もちろん「法と正義」のカチンスキ（Jaroslaw Kaczynski）は，「トゥスクはポーランドの軍事的な安全保障についても，エネルギー安全保障についても，何もしていない」と糾弾し，トゥスクのウクライナ危機への対応は「ただのプロパガンダである」（Polish News Bulletin 2014.4.17）と述べて批判した。

10 これについては市川（2015）に詳しい。
11 これについては市川（2015）に詳しい。
12 Wæver（1995）をはじめとするコペンハーゲン学派のいうディスコースを通じた安全保障問題化といってもよい。

● 参考文献

市川顕（2017）「欧州エネルギー同盟の政治過程—エネルギー同盟担当副委員長選出過程を中心に—」『政策情報学会誌』第11巻第1号，57-64ページ。

——（2015）「石炭を諦めない—EU気候変動規範に対するポーランドの挑戦—」臼井陽一郎編著『EUの規範政治—グローバルヨーロッパの理想と現実—』ナカニシヤ出版，212-23ページ。

——（2014）「ポーランドにおけるエネルギー政策の概略と方向性」『産研論集』第41号，45-57ページ。

——（2012）「ポーランドの再生可能エネルギー—EU気候・エネルギー政策と自国のエネルギー戦略の狭間で—」『ロシア・ユーラシアの経済と社会』第962号，19-35ページ。

Al Jazeera（2014.5.29），"Europe: Weaning itself off Russian Energy", *Al Jazeera English*, Features Section.

Baltic News Service（2014.8.29），"Latvia Ready to Continue Work on Increasing Effectiveness of EU‐formin", *Baltic News Service*.

——（2014.6.4），"Estonia Supports Polish Energy Union Initiative‐formin‐", *Baltic News Service*.

——（2014.5.8），"Lithuania Supports Poland's Idea of EU Energy Union‐Energmin‐", *Bal-

tic News Service.
——(2014.5.5), "EU Needs Energy Union – Semeta in Vilnius – ", *Baltic News Service.*
——(2014.4.2), "Lithuania Supports EU Energy Union", *Baltic News Service.*
BBC Monitoring Europe (2014.7.15), "EU's Juncker: Growth, Jobs, Energy, Stability, Fair Deal with UK Top Priorities", *BBC Worldwide Monitoring.*
——(2014.6.12), "Finnish Paper Sums up Russian Foreign Minister's Visit", *BBC Worldwide Monitoring.*
——(2014.6.11a), "Polish Experts Say European Energy Security Strategy "Nightmare" for Putin", *BBC Worldwide Monitoring.*
——(2014.6.11b), "Bulgarian Opposition Leader Calls for Transparency in Black Sea Energy Bids", *BBC Worldwide Monitoring.*
——(2014.5.9), "Prominent European Politician Calls for EU Sanctions against Russia", *BBC Worldwide Monitoring.*
——(2014.5.7), "Bulgarian President Urges Backing European Energy Union", *BBC Worldwide Monitoring.*
——(2014.5.2), "Polish Senate Speaker Urges EU Energy Union, Eurozone Entry", *BBC Worldwide Monitoring.*
——(2014.4.25), "German, Polish Leaders to Discuss "Energy Union" Proposal", *BBC Worldwide Monitoring.*
——(2014.4.7), "German Paper Interviews Polish PM on Possibility of Russian Invasion of Ukraine", *BBC Worldwide Monitoring.*
——(2014.4.2), "Polish Ex-Premier Says EU Needs Energy Independence from Russia", *BBC Worldwide Monitoring.*
EurActiv (2014.9.20), "Poland's Carbon Emissions Billions to be Spent on Coal, Cutting Budget Deficit", *EurActive*, Opinion Section.
——(2014.9.16), "Shale Gas in Poland – from Exploration to Exploitation – ", *EurActive*, News Section.
——(2014.9.12), "Sikorski: If Poland is a Hawk, Russia is what?", *EurActive*, Interview Section.
——(2014.7.24), "Scotland's Future as a Strong and Vibrant EU Member State", *EurActive*, Opinion Section.
——(2014.6.25), "EU Leaders Set Vague 'Priorities' for Next Five Years", *EurActive*, News Section.
——(2014.6.12), "An EU Energy Union Demands Responsibilities as well as Rights", *EurActive*, Opinion Section.
——(2014.6.6), "Chizhov: 'Russia has never been Isolated and cannot be Isolated'", *EurActive*, Interview Section.
——(2014.5.26), "Prague Breaks Ranks on EU Energy Policy towards Russia", *EurActive*, News Section.
——(2014.5.22), "EU Plans to Reduce Russian Energy Dependence", *EurActive*, News Sec-

tion.
——(2014.5.2), "EU Wants Same Price for Russian Gas for All its Members: Oettinger", *EurActive*, News Section.
——(2014.4.23), "Poland Calls for EU Action to End Russia's Energy Stranglehold", *EurActive*, News Section.
ITER-TASS (2014.5.10), "Poland Demands Clarity over Ukraine of Germany", *ITER-TASS News Agency*.
——(2014.5.2), "Russia, Ukraine, EU to Discuss Gas Transit, Kiev's Debt to Moscow in Warsaw", *ITER-TASS News Agency*.
——(2014.4.22), "Polish Prime Minister Urges to Create Single Body for Purchase Gas for Europe", *ITER-TASS News Agency*.
——(2014.4.9), "Latvia Backs Poland's Idea to Set up EU Energy Union", *ITER-TASS News Agency*.
Platts Oilgram News (2014.4.1), "EU Backs Ukraine Gas Price Support", *The McGraw-Hill Companies*, Europe, Middle East & Africa Section, Vol.92, No.64.
Polish News Bulletin (2014.8.4), "No Future without Energy Union", *Polish News Bulletin*, Special Report Section.
——(2014.7.11a), "Highlights; Juncker Backs Warsaw's Energy Union Project", *Polish News Bulletin*, National News Section.
——(2014.7.11b), "New EC President for Joint Purchases of Gas", *Polish News Bulletin*, National News Section.
——(2014.5.31), "How Harmful can Sanctions against Russia be?", *Polish News Bulletin*, Special Report Section.
——(2014.5.29), "Serafin: We're More a Part of the West and the EU", *Polish News Bulletin*, Weekend Supplement Section.
——(2014.5.19), "Energy Union Discussed in EU", *Polish News Bulletin*, National News Section.
——(2014.5.16), "V4 Discusses Energy Security", *Polish News Bulletin*, National News Section.
——(2014.5.15), "Inbrief", *Polish News Bulletin*, National News Section.
——(2014.5.12), "EC Head Discusses Security with Poland's Leaders", *Polish News Bulletin*, National News Section.
——(2014.5.2), "EU Leaders Declaring Support for Energy Union", *Polish News Bulletin*, National News Section.
——(2014.5.1), "Senate Marshall: Adoption of Euro Will Improve Poland's Security", *Polish News Bulletin*, National News Section.
——(2014.4.28), "Poland's European Energy Union Initiative Finds Support", *Polish News Bulletin*, National News Section.
——(2014.4.24), "Tusk Endorsing Energy Union Project in Europe", *Polish News Bulletin*, National News Section.

――(2014.4.17), "Inbrief", *Polish News Bulletin*, National News Section.
――(2014.4.10), "Riga Supporting Warsaw's Energy Union", *Polish News Bulletin*, National News Section.
――(2014.4.3), "Lucks is on Tusk's Side in European Campaign", *Polish News Bulletin*, Weekend Supplement Section.
――(2014.4.2), "Poland on Crusade to Set Up European Energy Union", *Polish News Bulletin*, National News Section.
The Prague Post (2014.4.29), "Europe's Act in Ukraine's Tragedy "Putin's Aim has never been Russian Control Only of Crimea He has Always Wanted All of Ukraine", *Prague Post*, Viewpoint Section.
The Telegraph (2014.6.23), "The EU's 'Strategic Agenda' until 2020 – Leaked Document; The Telegraph Publishes the Confidential EU Strategy Paper that will be Discussed by David Cameron and Herman Van Rompuy in Downing Street on Monday before it is Tabled at a Summit of European Leaders on Thursday – ", *The Telegraph*, News Section.
Tusk, Donald (2014), "A United Europe Can End Russia's Energy Stranglehold", *The Financial Times*, https://www.ft.com/content/91508464-c661-11e3-ba0e-00144feabdc0.
Wæver, Ole (1995), "Securitization and Desecuritization", Lipschutz, Ronnie D. ed., *On Security*, (New York, Columbia University Press), pp.46-86.

◆ Summary ◆

The aims of the article are qualitative analyses of the political process on the plan of the EU Energy Union. The term which the article focuses on is from March 2014 to September 2014. During the term, the plan had advocated by Donald Tusk, who was the prime minister of Poland. By his efforts to upload the plan to the EU level, most of the EU member countries, especially CEECs (Central and Eastern European Countries), European Commission and European Parliament come to agree the plan. After the examining the political process of the EU Energy Union, the article evaluates that the plan could have the role to be able to converge the difference on the EU climate-energy policies between Poland and remaining the EU member states of during the early term.

第 **2** 章

欧州移民危機への国連の対応
―ソフィア作戦における安保理決議の意義―

望月　康恵

──────────◆──────────

1　はじめに

　欧州が直面している複合危機の1つは多数の難民・移民の流入である[1]。この課題について，国際社会を体現する国際連合（国連）の安全保障理事会（安保理）は，どのような措置を講じてきたのであろうか。本章の目的はこの問いに答えることである。

　欧州域外から域内への人々の移動は，本来であれば，労働力の参入として歓迎される現象である。しかしながら，2015年以降に見られた多数の難民・移民の流入は，その規模も状況も想定を超えるものであり，人々を受け入れる側にとっても，また移動する人々にとっても深刻な問題であった。特に危険を冒して地中海を渡りヨーロッパに向かう人の渡航中の死亡は，国際社会の課題でもある。本章では，地中海を経由して欧州に移動する人々に関して安保理で取られた対応を検討する。その理由は以下の通りである。

　第1に，人の移動は地球規模の現象である。人は移動の自由の権利を有しているものの，より安全な生活を求めて移動せざるをえない状況は，強制された移動ともいえる。また域外から多数の人が欧州に向かう現象については，主に欧州連合（EU）において措置が講じられてきたものの，この問題が，安保理で検討されたのは何故か。第2に，人の移動に関しては，一方では受け入れ側としてのEUおよび諸国の政策が問われてきた[2]。他方で，人の移動を促したりそれを強いたりする出身国や通過国における安全保障上の問題も指摘される。

国際の平和と安全の維持に主要な責任を有する安保理の対応を探ることは，一連の状況に国際社会がどのような視点から取り組んでいるのか，さらにその目的は何かを問うことになる。第3に，安保理は，強制措置を決定する権能を国連憲章上，唯一与えられている機関である。安保理の機能や権限の変化についてさまざまな考察がなされており，今回の事例もこの文脈において検討することが適切である[3]。

安保理決議の採択により地中海沖の公海上のEUの軍事活動に法的根拠が与えられたが，EUの活動に安保理が許可を与えることはこれまではなされてはこなかった。そうであれば安保理の決定が，どのような意義を有するのか考察することは，移民危機に対する国際機構の役割について，また強制的な措置の実施に権限を付与する安保理の機能についても意味を有すると考えられる。

本章は，欧州地域への大量の難民・移民の移動に関して，EUによる対応を概観しながら，安保理による決定と審議の状況を探り，その役割や機能を検討する。

2　地中海を通過する人々の移動への対応

2-1　欧州連合（EU）による措置

人の移動に関して，EUでは1990年代より欧州共通難民庇護制度の確立が目指されてきた。EUは欧州共通の庇護制度を構築し，域内で庇護の負担の標準化を図り，庇護基準を確定することにより，保護のレベルの統一化を行ってきた[4]。ただしEUが難民条約の遵守，庇護権の尊重を謳いながらも，実際には，その理念がレトリックに留まってきた点も指摘されている[5]。EUにおいて難民政策と不法移民の取締りは一体視され，庇護希望者の流入を規制する措置が取られてきた。特に海上における国境管理については，犯罪防止や安全保障上の観点に基づいた措置が優先され，人道的観点に基づいた対応が十分になされないことが問題視された[6]。

地中海から欧州に向かう難民・移民が海上で命を落とす状況を受けて，欧州理事会は2015年4月の特別会合において，移民の密航と人身取引と闘う必要性

を明らかにした。欧州委員会が公表した「移民に関する欧州の課題」[7]では，短期的には，人命の損失を避けるために，欧州対外国境管理協力機構（Frontex）による共同捜索と救援，欧州への安全かつ合法な再定住のための追加の資金提供などの措置を講じた。欧州理事会では中長期的な措置として，非正規移民へのインセンティブを減らし，人命を救助し対外国境の安全を確保し，共通庇護政策を強化し，合法な移民に関する新しい政策策定を公表するなど，包括的な指針と移民の密航と人身取引に対処する計画を示した。さらに欧州理事会は，軍事的な措置として海上活動 EUNAVFOR Med の実施を決定した。この活動には，密航と人身取引ビジネスを阻止するための，密航船と密航業者の資産の特定と捕獲，管理が含まれた[8]。

EUNAVFOR Med は3段階の措置を予定していた。まず国際法に従い，情報収集と公海上の巡回を通じての移民のネットワークの捜索と監視を支援する（第1段階）。次に，(i) 1982年の海洋法に関する国際連合条約（UNCLOS）と，国際的な組織犯罪の防止に関する国際連合条約を補足する陸路，海路及び空路により移民を密入国させることの防止に関する議定書（移民密入国防止議定書）を含む国際法により定められた条件の下，密入国または人身取引に用いられたことが疑われる船舶に公海上で乗船し，捜索し，拿捕し，迂回させる。(ii) 国連安保理決議あるいは関係沿岸国リビアとの合意の下，同決議あるいは合意に定められた条件の下で，密入国または人身取引に用いられたことが疑われる船舶に，公海上またはリビアの領海および内水において乗船し，捜索し，拿捕し，迂回させる（第2段階，ソフィア作戦）。さらに国連安保理決議あるいはリビアとの合意の下，決議または合意に定められた条件の下で，領海内において密入国または人身取引に用いられたことが疑われる船舶および関連資産に対して，処理あるいはそれら船舶を操業不能とする行為を含み，全ての必要な措置を取る（第3段階）[9]。

この EUNAVFOR Med の活動は，「紛争や貧困，気候変動や迫害を含む根本原因に対処する，移民問題への EU の包括的な対応の一部」と位置づけられた[10]。またこれら活動は，UNCLOS，移民密入国防止議定書，2000年の国際的な組織犯罪の防止に関する国際連合条約を補足する人（特に女性及び児童）の取引を防止し，抑止し及び処罰するための議定書（人身取引防止議定書），1974

年の海上における人命の安全のための国際条約（SOLAS条約），1979年の海上における捜索及び救助に関する国際条約（SAR条約），1976年の地中海の海洋環境と沿岸地域の保護に関する条約，1951年の難民の地位に関する条約，ノン・ルフールマンおよび国際人権法の原則に従い実施されることが確認された[11]。このようにEUによる軍事活動は，公海上に加えてリビア領域内での展開も想定されていた。

2-2　安保理決議による海上作戦の許可

欧州理事会の決定からも明らかなように，EUNAVFOR Med の展開については，安保理決議に基づいて地中海の公海上の活動が予定されていた。

欧州に流入する難民・移民問題について，国際の平和と安全の維持の議題として安保理で論じられたのは2015年以降である。同年4月に子どもを含む多数が地中海で死亡した事件の後，安保理はまずプレスステートメントを発表した。その中では，何百人もが地中海で命を落としたことを憂慮し，移民の密航の拡大と，人々の生命の危機に懸念を表明すると共に，越境組織犯罪を非難し，移民密入国防止議定書の加盟国に対して同議定書の完全な履行を求め，さらには移住者の密航によって影響を受けた地域の国家に対する支援を表明した[12]。この声明を通して加盟国に求められたのは，条約に基づいた越境犯罪行為者に対する訴追および処罰などの国内での措置であった。国家は個人に庇護を与える権利を有しているもののそれは義務ではない。安保理が加盟国に対して条約上の義務の実施を求めるとすれば，それは国家に義務を課す条約の実施，すなわち犯罪行為者の訴追や処罰に向けての立法また法執行である。

さらに安保理は5月，「国際の平和と安全の維持における国連と地域・準地域的機構との協力」との議題の下で審議を行った。この安保理の会合に出席したEU外務安全上級代表モゲリーニは，多数の移民が地中海で死亡する状況が先例のない状況であり，したがって，特別かつ調整された対応が求められることを指摘した。上級代表はまた人命救助と人命のこれ以上の損失を防ぐことを優先事項として掲げた。加えて，この状況は人道危機であるのみならず，安全保障上の問題でもあり，複雑な問題に対して包括的な対応が取られるべきであると述べた。さらに上級代表は，国家や地域的機構，また国際社会とくに安

保理との密接なパートナーシップの必要性と，関連する全ての問題である人道上の危機的状況，安全保障上の状況および出身国と通過国における根本原因に対処する，包括的な方法により行動する必要性を主張した[13]。

10月に採択された安保理決議2240では，地中海で多数が死亡した海難事故に憂慮が示され，事故が越境犯罪組織による搾取と誤まった情報に基づく危険かつ違法な密航の結果であることに懸念が示された。特にリビア沖での密航の拡大と生命の危機について憂慮され，移民の中に難民と認定されうる人々がいることが確認された。さらに安保理は，加盟国に対して船舶の旗国が不明な場合でも，あるいは旗国の合意の下で，リビア沖の公海上の船舶を含み，リビアからの移民の密航または人身取引の組織犯罪の事業により，過去にまた現在用いられている，あるいは今後直ちに用いられると信ずるに足る十分な理由がある，あらゆる船舶を検査することを求め（第5，6パラグラフ），憲章第7章の下で，以下の措置を講じることを決定した。

7．乗船している移民や人身取引の犠牲者の脅かされた生命を救うために，この例外的および特定の状況において，この決議採択から1年間，密航と人身取引と闘うことに関与する，国家としてあるいは地域的機構を通じて行動する加盟国が，リビア沖の公海において，このパラグラフに記されている権限を用いる以前に旗国の合意を得る努力を加盟国および地域的機構が行った場合には，リビアからの密航あるいは人身売買に用いられると疑うに十分に根拠のある理由がある船舶について，検査を行う権限を付与する。

8．本決議の採択から1年間，国家としてまたは地域的機構を通じて行動する加盟国が，第7パラグラフの権限の下でリビアからの移民の密航または人身取引に用いられたことが確認された，検査された船舶を拿捕する権限を付与することを決定し，また第7パラグラフの権限の下で検査された当該船舶に関して，誠実に行動するあらゆる第三国の利益に十分に考慮を払いながら，適用される国際法に従い，処分を含む更なる行動が取られることを強調する。

…

10. 第7，8パラグラフの下の行動を実行する際に，また適宜，国際人権法を十分に遵守し，密航あるいは人身取引者が直面する特定の状況に見合う全ての措置を用いるために，加盟国に権限を与えることを決定し，第7，8パラグラフの権限は，国際法の下の国家免除が与えられている船舶に関しては適用されないことを強調し，第7，8パラグラフおよび本パラグラフの下で行動する加盟国と地域的機構に対して，最優先事項として乗船している個人に安全を提供し，海上環境と航行の安全への害を避けることを求める[14]。

　この決議により，憲章第7章に基づいて加盟国およびEUが実施する措置として，リビア沖の公海で，密航や人身取引に関連することが疑われる船舶に対し，検査や処分の実施が認められた。決議の実施に際しては，全ての旗国に協力が求められ，また具体的に措置を講じる国家や地域的機構が講じた措置について旗国に通知することも決定された（第9パラグラフ）。
　安保理決議2240の内容は，EUNAVFOR Medの職務権限の拡大を意図したものである。上述の通り，EUNAVFOR Medの第2段階の措置であるソフィア作戦は，国際法の条件の下で，公海上で船舶に乗船し，検査し，拿捕または迂回させることであり，またこの活動については安保理決議の採択とリビアの合意により，リビアの領海に拡大されうることも定められていた[15]。この決議採択から3ヵ月後には，EUの政治安全保障委員会により決定がなされ，従前の決定（Decision（CFSP）2015/778）に従い，安保理決議に記された条件の下で，公海上での行動を取ることが確認された[16]（Decision CFSP）2016/118）。
　一連の安保理決議により，人身取引が疑われるリビア沖の公海上の船舶を検査しあるいは船を拿捕しまた破壊することも認められた。安保理決議に基づくソフィア作戦は，地中海南部における，密入国のネットワークのビジネスモデルを破壊することを目的としていた。この活動では同時に公海上の人々の救助活動も行われるが，ソフィア活動により救助された人が，EU以外の国に引渡されたり上陸させられたりすることはなく，人々に対する人権侵害を防止するために活動上の手続も設立された[17]。
　この安保理決議の特徴として，決定による措置の範囲と内容が限定されてい

る点が挙げられる。EUNAVFOR Med の展開を決定した欧州理事会決定において，その活動はリビア水域への介入が認められていた。しかし安保理決議2240は公海上での活動のみを許可した。またリビア領域内における移民の密航や人身取引などの行為の予防，調査，措置や，境界を守るなどのリビアへの支援は，国連加盟国に対する決定事項ではなく，リビアの要請に基づいて行われることになった。安保理での会合では，ロシアや中国などにより国家主権や領土保全原則が確認され，会合に出席したリビアも，地中海における人命損失や人道的な悲劇を阻止する国際的な取組みが，国際法諸原則，特に国家主権と内政不干渉原則を尊重して行われる重要性を確認した。さらにリビアは，影響を受けた国として国際水域において違法な移民を救助しまたは公海において密航業者を対象とした欧州の海軍の展開には反対しないと述べつつも，排他的経済水域での軍事活動により，自国の漁業資源が侵害されることに懸念を示しており，EU の軍事活動がリビアとの調整と協力に基づいて実施されるべきと述べた[18]。

　安保理決議は，加盟国や EU による措置の範囲やその内容を限定する一方で，国家と EU による活動の裁量をある程度認めた。公海上，旗国が船舶に対して管轄権を有するものの，今回の決議により，旗国に対する措置については，措置を講じる前に合意を得ようとする努力がなされることにより足りるとされた。したがって，関係国からの明確な合意が得られずとも，その誠実な努力があれば活動の実施が可能となった。リビア政府から合意を得ることが努力義務とされることにより，措置を取る国にある程度の裁量が与えられ，その実行可能性を確保したとも考えられるのである。

3　国際法の適用

　EU 域内への人々の移動は，人道上のまた安全保障上の課題でもある。EUNAVFOR Med の展開に当たり，EU は，共通安全保障防衛政策（CSDP）活動が国際法に従い行われること，また UNCLOS，SOLAS 条約，SAR 条約が，海上の遭難者を支援し，生存者を安全な場所に移送する義務を含むことに言及する[19]。そこで，次に海洋における人々の救助と，密航や人身取引に対す

る人の保護について，国際法の規定を概観する。

3-1　国連海洋法条約（UNCLOS）

　人の移動について，UNCLOSでは出入国管理として扱われ，領海，接続水域，排他的経済水域が沿岸国の管轄権に属することが定められている。領海における無害通航に関して，外国船舶の通航については「沿岸国の通関上，財政上，出入国管理上又は衛生上の法令に違反する物品，通貨又は人の積込み又は積卸し」に従事する場合には，沿岸国の平和，秩序または安全を害するものとされる（第19条2(g)）。接続水域では，沿岸国は，自国の領土または領海内における通関上，財政上，出入国管理上または衛生上の法令の違反を防止することに必要な規制を行うことができる（第33条1(a)）。また排他的経済水域において，沿岸国は，人工島，施設および構築物に対して，通関上，財政上，保健上，安全上および出入国管理上の法令に関する管轄権を含む排他的管轄権を有する（第60条2）。このように，一定の水域において沿岸国による管轄権の行使が定められる一方で，公海上では，原則として旗国が船舶に対して管轄権を行使する（第94条）。その例外として，公海上において全ての国に防止のための協力義務が課されているのは，奴隷運送の禁止（第99条），海賊行為抑止のための協力義務（第100条），麻薬などの不正取引（第108条），許可を得ていない放送（第109条）である。国家は，管轄権を行使する領海，接続水域，排他的経済水域において出入国を管理することから，移民について処遇する権限を有する。公海においては旗国による船舶の管轄権行使は認めるものの，それ以外の場合について，他国が管轄権を行使できる事項は例外としてのみ認められている。

　本章の検討事項である人々の移動については，安保理決議に基づいて，公海上での措置が認められた。国際法上，公海上での旗国の管轄権は，船舶に対する管轄権の行使であり，公海に対する管轄権の行使ではない。公海自由の原則は，公海上における旗国以外の国による船舶への干渉の排除を意味する。公海上での旗国の管轄権行使が問題とされるのは，公海上での船舶の衝突事件や，船舶への領海などからの追跡など，国家の執行管轄権の行使である[20]。今回のように，EUへの移動を求めて，多数の人々が小型ボートに乗船し，地中海で

浮標しながら EU 諸国の船舶による救援を待ち，あるいはイタリアやギリシャ沖への到着や漂着を試みることは，UNCLOS において想定されていた状況ではないだろう。公海上では旗国のみが船舶に対して管轄権を行使するという伝統的な原則に基づきながら，公海上での特定の船舶に対する措置は，安保理決議に基づいた限りにおいて，第三国および EU に認められているのである。

3-2 遭難への対応

上述の通り，EU による CSDP 活動は，UNCLOS，SOLAS 条約，SAR 条約などに従い実施されること，これら条約は，海上での遭難者を支援し安全な場所に生存者を移送する義務を定め，この目的のために，EUNAVFOR Med を行う船舶が，関連する義務を実施するために装備されることが確認されている[21]。

海上における遭難者の救助に関しては，国際法上の規律は，①船長に対して遭難者を救助する責任を規定するもの，②締約国に対して捜索救助区域の設定を求めるもの，③国家間に調整を求めるもの，に分類される。

まず，国は，自国を旗国とする船舶の船長に対して，(a) 海上で生命の危険にさらされている者を発見した場合には，その者に救助を与えること，(b) 援助を必要とする旨の通報を受けた時は，可能な最高速力で遭難者の救助に赴くことを要求する（UNCLOS 第98条1項）。海上にいる船長は，発信源を問わず，船舶等が遭難しているとの信号を受けた場合には，全速力で遭難者の救助に赴かなければならない（SOLAS 条約付属書第5章第10規則）。次に，いずれの沿岸国も，海上における安全に関する適切かつ実効的な捜索と救助機関の設置，運営と維持を促進し，状況に応じて必要な場合には，相互間の地域的取極により隣接国と協力する（UNCLOS 第98条2項）。援助を提供する義務は，条約や国内法において規定され，また国家実行も繰り返されていることから，慣習国際法の原則として確認されている[22]。遭難船舶の船長は，救助の求めに応答した船舶の船長と可能なときは協議の後に，それらの船舶のうち救助を与えるため最も適当と認める一または二以上の船舶を招集する権利を有し，招集を受けた船舶の船長は，遭難者の救助のため全速力で航行して招集に応ずる義務を負う（SOLAS 条約付属書第5章第10規則）。これら規定には一定の条件がある。すな

わち UNCLOS においては遭難者の救助については，船舶，乗組員または乗客に重大な危険を及ぼさない程度において，国は措置を取ることを船長に要求することが定められている。SOLAS 条約においても，遭難者の救助について，救助に赴くことが不可能である場合や特殊事情により不合理または不必要であると船長が認める場合があり得ることを定めている。

　第2は，捜索救助区域の設定である。SAR 条約は，海上で遭難者に援助を与え，また沿岸国による沿岸監視と捜索救助業務のための適切かつ効果的な，世界中の海に適用される海難援助制度の確立を目指している。締約国は，自国周辺の一定の海域を分担して適切な捜索救助業務を行い，また隣接する沿岸国と捜索救助活動について調整を行う[23]。

　SAR 条約の下，締約国は捜索救助業務を行いまたは調整するための措置を講じ，自国のみまたは適当な場合には他国と協力して，捜索救助業務の構成要素（法的枠組み，責任のある当局の指定，利用可能な手段の組織化，通信施設，調整と運用機能，捜索救助活動を改善するための方法）を確立しなければならない（2.1.2）。締約国はまた，適当な海岸通信施設，効率的な遭難警報の伝達と捜索救助業務を効果的に支援するための適当な活動の調整の実施確保に寄与するために，自国のみまたは他の国と協力してそれぞれの海域において十分な捜索救助区域（SRR）を設定することを確保する（2.1.3）。SRR は関係締約国間の合意により設定されなければならない（2.1.4）。さらに締約国は，海上におけるいずれの遭難者にも援助を与えることを確保しなければならず，遭難者の国籍もしくは地位または遭難者が発見された時の状況にかかわりなく，これを実施しなければならない（2.1.10）。

　第3は国家間の調整である。SAR 条約改正[24]において，当事国は，船長に対して支援の実施を確保するために調整しまた共同の作業が求められている。すなわち，海洋で遭難中の人の下船に支援を提供する船長が，海上での生命の安全をさらに脅かさない場合には，予定された航海からの最小限の逸脱により，義務から解放されることを確保するために，締約国は調整および共同作業をしなければならない。捜索および救助に責任を有する当事国は，支援を受けた生存者が支援された船舶から降り安全な場所に引き渡されるように，その様な調整と共同作業が行われることを確保する上で，主要な責任を行使しなければな

らない (3(1)9)。

　ここで問題となるのは，公海上での遭難への救助は，救助される人権の存在を示すものなのか，である。これについては対立する見解が見られる。上述の通り SAR 条約では，船長が遭難者の下船を支援することを確保し，また支援が提供される捜索救助区域に責任を有する締約国が，国家間の調整と共同作業を確保する上で主要な責任を負うことが定められている。SAR 条約の主な趣旨は，近隣国との合意の締結により，合意された区域において捜索と救助活動を規律しまた調整を行うことである。そこで支援を行う義務が，国家間の義務なのかあるいは遭難している人々を救助する権利を伴うものなのか，について問われる。一方では，海上における人のプレゼンスが増加することにより，海上での人権条約の適用について主張され，また UNCLOS が共同体利益を遂行しておりその中に人権の保護も含まれると指摘される[25]。他方で，海洋関連の諸条約は，海上での救助について国家間の権限を配分し，この目的のために協力することを求めているのみであり，遭難する個人の権利については何ら言及されておらず，その様な権利も存在しないとも主張される[26]。

　海洋法の伝統的な法的枠組みは，国家間における権限の配分である。確かに，海洋法において国家に対する義務が増加することにより，海洋が管理されるようになり，それが海洋法秩序に変化をもたらす議論もなされている[27]。海洋は固有の域として捉えられ，旗国や沿岸国の管轄権行使という観点から法が形成され発展してきた。

　欧州人権裁判所では，公海で移民や難民を拿捕し，手続の保障がないまま彼らを第三国に追返したイタリアの入国管理の行為に対して争われ，同国による人権侵害行為が確認された。裁判所は，イタリアに向けて乗船したリビアへの申立人の送還は，欧州人権条約第 3 条（拷問の禁止）に違反すると判事した。この事件は，SAR 条約の文脈において人権侵害に関する判断として評価されるが[28]，判断においては，一連の事件がイタリアの軍艦において行われていたこと，つまりは申立人をイタリア軍艦に乗船させた時からリビア当局への引渡しまでの間，申立人がイタリアの管轄権内にあったことが確認されている[29]。この判断では，欧州人権条約が争点となりながら，実際には，イタリアつまり国家による管轄権行使の議論として位置づけられるであろう。

3-3　組織犯罪への対応

　移民密入国防止議定書の第8条（海路により移民を密入国させることを防止する措置）は，締約国に対して，海路における密入国に対処し行動する権限を与えている。同条の7項は，「締約国は，船舶が，海路により移民を密入国させており，かつ，国籍のない船舶又は国籍のない船舶とみなすことができる船舶と疑うに足りる合理的な理由を有する場合には，当該船舶に乗船し，及びこれを捜索することができる。当該締約国は，疑いを裏付ける証拠が発見された場合には，関連する国際法及び国際法に従って適当な措置をとる」と定める。これにより国家は，旗国による許可など一定の条件に基づいて，密入国に関与することが疑われる船舶に乗船し捜索する権限が認められる。

　この条文は，条約締約国が第三国の船舶に乗船する際に，どのような行動を取るのか広範な裁量を与えているように見えるものの，その内容は既存の条約および国内法において確立されている。つまり移民密入国防止議定書は，UNCLOSを修正するものではなく，むしろ密入国に対処するために生じうる，条約上の空白を埋める規定である[30]。

　海上における密入国への対処について，移民密入国防止議定書は，旗国の管轄権の排他性と，航行の自由を妨げうる場合に旗国から特定の許可を得る必要性について，UNCLOSの条文を確認する。またこの議定書は，事件が生じる度に明示の許可を得ることを取り除くために，締約国の間で協力協定を締結できるようにする制度を生み出した[31]。したがって，移民密入国防止議定書は，UNCLOSや既存の条約体制を確認するものであり，それらを逸脱したり拡大したりする内容ではない。くわえて海路による密入国を防止する措置は，軍艦や政府関連の船舶で権限を与えられているものによってのみ実行される（第9条4項）。移民密入国防止議定書は，EUNAVFOR Medによる軍事措置の根拠となる規定である。

　以上の通り，EUに移動する難民・移民が地中海で直面する状況は，海洋に関する諸条約において想定されていた遭難ではないであろう。そもそも多数の難民・移民の処遇や地位については，受け入れ国において措置が講じられるべきものである。したがって，公海上での人々の救助については，既存の条約に

基づいて十分に対応が想定されている状況ではなかったといえる。

4　安保理による決定の含意

4-1　リビアに対する措置

　安保理の決定に基づく措置は，地中海を渡り欧州を目指す人々の救助と，また人々の密航を促し人身取引に加担する人々の取締りを目的としていた。特に後者については，その対象がリビアを出港する船舶に特定されリビアの状況に対する措置としても捉えられる。

　安保理はリビアにさまざまな強制措置を決定してきた。1988年にスコットランド上空でアメリカの民間航空機が爆破され，リビア人の関与が疑われた。被疑者はアメリカの裁判所に起訴され，安保理は裁判のために被告の引渡しをリビアに求め，リビアに対する経済制裁を決定した[32]。2011年には，カダフィ政権が反政府デモを行う市民に対する弾圧行為を行ったことに対して，安保理が武器禁輸などの経済制裁を課し[33]，さらには市民の保護を目的とした軍事的措置も決定した[34]。カダフィ政権の崩壊後に設立された国民評議会による体制移行を支援するために，安保理は国連リビア支援ミッション（UNSMIL）を設立した[35]。

　また2016年には武器の移送にテロ活動の関与が疑われ，武器禁輸が安保理により決定された。決議では加盟国と地域的機構に対して，リビア沖の公海上で，武器や関連物資を運んでいることが十分に疑われる船舶を検査する権限と，検査を実行するために全ての適切な措置を取ることが認められた[36]。この安保理決議の採択と時を同じくして，欧州理事会もソフィア作戦に職務権限を追加し，リビアの国境警備隊と海軍の能力構築と訓練，さらにリビア沖の公海上での国連の武器禁輸について情報共有と実施がなされた[37]。安保理決議の採択により，リビア沖の公海に限り，武器を有することが疑われる武器禁輸に違反する船舶の検査を行う権限が，決議採択より12ヵ月間，例外的かつ特別な状況において，加盟国と地域的機構に認められたのである[38]。

　この決議採択時の議論においても，安保理決議により認められた措置は，国

家主権を妨げるものでも，領域内での旗国の権限を脅かすものではないことが指摘されているなど，国際法諸原則の順守が確認されている。またこの決議により，ISILの移動の自由が制限され，移民の危機的状況への対処に資するという見解も示された[39]。難民・移民の流出に対しては根本原因に対処すること，包括的な対応が求められることが何度も指摘される中で，ソフィア作戦を通じての武器禁輸措置の実施は，リビアをめぐる問題に対して，欧州が一層具体的な措置を講じることでもある。他方で，ソフィア作戦による武器禁輸の監視の任務が積極的な成果をもたらすのか，その評価については今後検討されるだろう。欧州理事会は，中央地中海ルートに対応するために，対外国境の効果的な管理を確保し移民の違法な流れを阻止すること，密航者によるビジネスモデルを断ち切ることを宣言した[40]。しかしながら，ソフィア作戦は移民の流れを阻止したり，密航業者のネットワークを断ち切ったり，中央地中海の密航ビジネスを阻止したりすることを直接の目的とした措置ではなく，海軍による活動は誤った手段であるとさえ指摘されたのである[41]。

難民・移民がリビアからEUに向かう要因がリビアに加えて近隣地域の政治状況と関わっていることからも，本来であればその根本原因への対応が求められる。しかし域外の問題に対してEUが取り組むことができる措置は限られており，今回の公海上の対応は応急措置ともいえる。そこでソフィア作戦は，リビアの法執行機関の能力構築など，より長期的な対策を行ってきている。

4-2 安保理決議の法的，政治的意義

安保理決議2240は，欧州への人々の移動に関して，憲章第7章に基づいて公海上の措置を加盟国および地域的機構に認めた。これにより，国やEUは，密航や人身取引が疑われる船舶に対して公海上で検査や拿捕を実施できることになった[42]。それではこの安保理の決定は，どのように評価できるのだろうか。

今回の安保理の決定は，差し迫った状況への措置と位置づけられるだろう。安保理決議2240は憲章第7章に言及するものの，国際の平和と安全に対する脅威についての認定はなされていない。つまり安保理は，憲章に基づく国際法上の違法行為を認定せずに強制措置を認めた。当初の決議案では，リビアの状況が国際の平和と安全に対する脅威に相当する，という表現が含まれていたが，

決議案作成の段階で削除された。代わりに，憲章第7章に基づく措置が必要とされる状況として，「リビア沖の地中海における移住者の密航と人身取引の拡大とそれによる人々の生命の危険」について言及された。つまり安保理による決定の根拠は，「犯罪への抑止と生命に対する影響」に限定されたのである[43]。

　安保理による，平和に対する脅威の認定の意義については多くの議論がある。すでに指摘されているように「平和に対する脅威」の認定により，憲章第7章による措置と共に，「脅威」の内容が判断されるとすれば[44]，今回のように，リビアの状況が，「国際の平和と安全に対する脅威に相当する」との文言が決議に含まれなかったことにより，リビアの状況は脅威には該当しないことを示す。また脅威ではないリビアの「状況」については，今後，憲章第7章の措置が取られる可能性は低いと考えられる。くわえて，移民の密航および人身取引についても，仮に類似の状況が他の地域において生じたとしても，今回と同様の決定がなされるとは考えにくい。繰り返しになるが，今回の安保理の決議は，あくまでも例外的な状況に対する特別な措置と位置づけられるのである。

　また今回の安保理の決定に基づく措置の期間および対象は限定的である。上述の通り，決議の適用期限は決議採択から1年間であり必要に応じて更新される[45]。また国家や地域的機構が公海上で行う検査等の対象は，リビアを出港した船舶に限られており，他の国や地域から出港した船舶については対象とならない。さらにリビアは自国領海内におけるソフィア作戦の実施については合意しなかった。同作戦は，リビアが合意を示すかあるいはリビアの合意を前提としない決議を安保理が採択しなければ，今後も公海においてのみ実施される。ただし公海上での船舶の検査の際には，旗国から合意を得ようとした誠意ある取組みがなされることにより，船舶の検査や処分などが可能となる。リビアを出港する船舶の旗国がリビアであると仮定すれば，旗国の政府の存在が不明な場合，特にリビアにおける正当政府が不確定な状況や，その実行的支配が確認できない場合には，政府からの同意を得ることが困難であり，旗国の合意が努力目標とされたのは現実的な対応といえる。

　決議2240は，安保理により，組織犯罪活動が特定の政治的危機の状況において，国際の平和と安全を脅かしうることを確認した。また限定的とはいえ，公海上での旗国の排他的管轄権の停止をも認めた。決議2240は，海上で生命が危

機にさらされている密航者の増加によりもたらされた例外的な事態ゆえに，リビア沖での公海上の領域管理について，ある種の特別な審理をもたらした[46]，と指摘される。

　安保理決議は，一方で，従来の国際法諸原則と国家主権を確認する。決議においては，UNCLOS が海洋における活動に適用される法的枠組みを定め，国際組織犯罪条約およびその議定書が人身取引に関しては主要な国際法文書であること，安保理決議に基づいた措置が，リビア沖の公海での移民の密航と人身取引の状況にのみ適用されることが繰り返し確認される[47]。決議採択の討論においても，UNCLOS 等の規範に従った措置，国家主権の尊重，領土保全の原則など従来の国際法諸原則を尊重した行為であることが述べられた[48]。他方で，決議採択において，唯一棄権票を投じたベネズエラは，移民や難民の事項を安全保障の問題として扱うことに懸念を表明した。同国は，今回の問題が予防的かつ多面的な見地ではなく，軍事的な観点から対処されることによって問題が深刻化し，また決議により武力行使が認められたことは，この問題に対する先例としては危険であり不釣り合いであると指摘した[49]。安保理決議が既存の国際法の枠組みにおいて採択された一方で，措置の妥当性については，懸念も示されたのである。

　本来，国連憲章第7章に基づく措置であれば，国連加盟国からの同意は必要ではなく，リビア領海内でのソフィア作戦の実施も可能である。しかし安保理は，リビア領域およびリビア沖での密航と人身取引について非難はするものの，その活動を公海上に限定した。リビアの国家主権をあえて尊重した決議の採択は，上述した通り，EU が当初想定していたリビア領域内での措置を停止する。確かに，強制措置の実施については関係国からの合意や協力が得られなければ，その実効性は確保されないだろう。他方で，人々の密航に対して根本原因に対応しまた包括的な取組みが求められている状況にもかかわらず，公海上での措置についてのみ安保理が許可を与えたことは，今回の措置が暫定的なものであることをかえって強調するのである。国際社会が目指している難民・移民の大量の移動に対する根本的な解決の糸口は，今回の取組みからは必ずしも見えてこない。

　このようなリビアに関する安保理の決定については，ソマリア沖の海賊行為

に対する安保理の措置と比較される[50]。破たん国家であるソマリアの沖での海賊の発生とそれによりもたらされる問題に対して，安保理は国連憲章第7章に基づき，ソマリア領海内での外国軍艦による立ち入りと海賊の取締りを許可した。ただし一連の決議において憲章第7章での決定がなされ強制措置が認められながらも，領域内での強制措置についてはソマリア暫定連邦政府（TFG）による事前の合意に基づくことが繰り返されている。それゆえに，憲章第7章への言及については「決議の政治的権威づけ」[51]と位置づけられる。

今回の事例においては，安保理決議に基づいて公海上における船舶の検査などが行われたが，EUが想定していたリビア領海内での活動は，憲章第7章の下で許可されなかった。安保理においてこの方針が変わるのか，あるいはリビア領海内での活動について同国の合意が得られるか，今後の展開が注目される。

4-3　安保理の機能に対する示唆

欧州への難民・移民の密航と人身取引問題に対する安保理の決議が，既存の国際法諸原則を尊重し確認するものである場合，それでは今回の安保理による決定は，安保理の機能に対して，何らかの示唆を与えるものなのであろうか。

安保理は警察機能を担う組織であるものの，国連発足当時は想定されていなかった立法的，司法的，行政的な機能を行使し，それにより安保理の機能が拡大することが指摘されてきた[52]。その例として，刑事裁判所の設立，国際テロ行為や海賊行為に対する立法的な措置などが示される。今回の安保理による公海上での船舶への検査に関する決定は，公海上の旗国の管轄権を制限するものではありながら，一時的かつ例外的な措置として位置づけられている。このことから，今回の事例は必ずしも安保理の機能の拡大の証左とはならないであろう。

安保理の機能に関して安保理での審議に着目した場合に，2つのことが指摘される。第1に，平和に対する脅威の認定がなされない憲章第7章に基づく措置の決定である。安保理による今回の決定の目的は，脅威にさらされている人々や人身取引の犠牲者の生命を守ることではあるものの，安保理は，国家による明白な国際法上の違法行為の存在を確認した上で措置を決定しなかった。安保理が憲章第39条に基づかずに憲章第7章に依拠することは，安保理の慣行

から離れた例外的な逸脱であると指摘されるが，リビアに対する初期の禁輸措置の決定において，同地域は武力紛争ではなく抑圧的な状態下にあると捉えられ，平和に対する脅威の認定が行われずに第7章の措置が取られた[53]。仮にリビアに対する強制措置について，脅威認定が行われないという実行が積み重なるとすれば，脅威認定が伴わない第7章の決定とその措置について，それがリビアに対して取られた決定におけるある種の慣行の蓄積といえるのか，さらなる検討が求められるであろう。

　第2に，安保理の議題についてである。今回の決議採択に関して，安保理は「国際の平和と安全の維持」との議題において審議を行った。この議題の下で，安保理による決議採択がなされるようになったのは2009年以降であり，その内容は，地雷や核不拡散問題などの分野別の課題であった。また憲章第7章に基づく強制措置が認められたのは，本章で検討したリビア沖の公海での船舶に対する検査の事例のみである。安保理では「平和に対する脅威」という議題においては，テロ行為など差し迫った事件に対して審議がなされるものの，「国際の平和と安全の維持」においては，より一般的な，しかし恒常的に措置や対策が求められる事項が扱われてきている。

　安保理は，国際組織犯罪やそれに伴う緊急の人道的な問題について取り上げる傾向にある。今回の地中海での難民・移民危機の状況に加えて，安保理では越境犯罪やその被害者に関して審議を行い，被害者を安保理に招請し発言の機会を与えた。多数の密航者の移動と人命の損失という，安保理ではこれまで十分に対処されずまたその必要性も確認されてこなかった事項の審議は，国際社会の緊急な課題に対処する安保理の姿勢を示している。その後も，「国際と平和と安全の維持」という議題の下で，人身売買を非難する決議を採択しており[54]，これらは安保理で審議される内容の拡大を表す。

　安保理における決議の採択は，上述の通り，国際法諸原則に基づいた，例外的な措置であり，既存の国際法に変化を迫るものでも安保理の機能を変化させるものでもないと考えられる。とはいえ，国際社会における緊急の問題を確定し，「国際の平和と安全の維持」と位置づけ，審議し決定を行う安保理の対応は，今後も類似の問題について憲章第7章に基づく決議が採択されうる可能性を示す。それはまた，国際社会がこの問題に注目し国際社会として措置を講じ

うる積極的な姿勢を表すものでもある。

5　おわりに

　地中海を渡り欧州に向かう多数の難民・移民の移動とそれに伴う人命の損失に対して，安保理では，国際の平和と安全に対する脅威が認定されず，しかし国際の平和と安全の維持という文脈で論じられ，犯罪の抑圧と人々の生命への影響が決定の根拠となり[55]，憲章第7章に基づく措置が決定された。

　安保理の決議は，公海上において，リビアから出発した密航や人身取引に関連することが疑われる船舶を捜索したり拿捕したりすることによって，組織犯罪への対応を目指した。ただし難民・移民の直接の保護あるいは人々のリビアからの出国を阻止する措置は，安保理の決定においては優先的な目的とはなっていない。安保理の決定は，欧州に向かう人々を直接の対象とした措置ではなく，公海上での組織犯罪の阻止を目的とした対策である。このような措置については，移住者や難民，庇護申請者を安全保障上の問題とするものとして批判もなされた[56]。

　公海上での憲章第7章に基づく措置を認めた安保理決議は，人身取引に関する安保理での初めての会合の後に採択されており，人身取引への国際社会の対処の必要性という文脈の中で行われた。決議2240はリビア沖での公海における憲章第7章に基づく措置を認め，また旗国の管轄権が確認されながら，他国による船舶の検査については，旗国の同意を得る努力が求められ，行動する国に裁量がある程度与えられることにより，措置の確保を目指している。また安保理による一連の決議からは，安保理の機能の拡大は必ずしも明らかではないが，安保理が，国際の平和と安全の維持との議題の下で措置を講じたことについては，今後も同様の議題において，決定が行われうる可能性を示す。

　本章では，難民・移民の欧州への大量流入に関する安保理決議の採択を通じて，国連による強制措置の決定が，如何なる問題に対応するものであるのかについて検討した。安保理における今回の決定は，公海上における船舶へのEUによる実施を認めるものであった。安保理において特定された問題は，地中海における密航と人身取引により多数の人命が危険にさらされる緊急の状況で

あった。したがって安保理の措置は，EU による軍事活動を支援する，安全保障上の問題への対応と位置づけられるであろう。またこのような措置の決定は，安保理が EU による公海上の措置を支援することにより，国際社会が多数の人の移動に関心を払い，この問題に取り組んでいくコミットメントを表しているものでもある。安保理による決定の検討は，安保理の機能を探り，また同時に難民・移民危機の状況に対して国際社会がどのように取り組んでいくのかを探る機会でもあった。一連の措置がたとえ安全保障上の枠組みにおける取組みとして位置づけられるとしても，危険を顧みずに欧州に向かう人々に向けての国際社会としての営為なのである。

●注
1　遠藤（2016），キングスレー（2016），Krastev（2017），人の移動と EU 統合との関係性については，たとえば岡部（2017），17-24ページを参照。
2　墓田（2016）。
3　安保理の機能変化については，すでに多数の研究がある。たとえば村瀬（2009）を参照。
4　佐藤（2014），63-81ページ。
5　庄司（2007），297-306ページ。
6　中坂（2016），32-37ページ。
7　European Commission（2015）.
8　Council Decision（CFSP）2015/778.
9　*Ibid.*
10　EUNAVFOR MED operation Sophia Operational Headquarters（2017）.
11　Council Decision（CFSP）2015/778（6）.
12　Security Council（2015a）.
13　Security Council（2015b），pp.2-4.
14　Security Council Resolution 2240（2015）.
15　EUNAVFOR Med の第1段階の活動は6月下旬から10月7日まで実施された。安保理決議の採択後，2015年9月より，EUNAVFOR Med は第2段階の活動を実施した。この第2段階の活動は，リビア沖の活動中に船上で生まれた子どもの名前を取り「ソフィア作戦」と名付けられた。
16　Political and Security Committee Decision（CFSP）2016/118 of January 2016.
17　Security Council（2017），para.15.
18　Security Council（2015c），pp.9-11.
19　Council Decision（CFSP）2015/778（6）.
20　村上（1998），573-601ページ。

21　Council Decision (CFSP) 2015/778 (6).
22　Trevisanut (2014b), p.129.
23　海上保安庁警備救難部 (1985), 48-52ページ。
24　Resolution MSC.155 (78) (2004).
25　Trevisanut (2014a), pp.7-8.
26　Papastavridis (2014), p.21.
27　瀬田 (2016)。
28　Trevisanut (2014a), p.11.
29　佐藤 (2013), 144-146ページ。
30　Caracciola (2017), p.282.
31　Trevisanut (2014b), p.126.
32　Security Council Resolution 748 (1992).
33　Security Council Resolution 1970 (2011).
34　Security Council Resolution 1973 (2011). リビアにおける市民の保護を目的とした安保理の決定と一連のプロセスについては, Kirsch and Helal (2014), pp.396-433を参照。
35　Security Council Resolution 2009 (2011).
36　Security Council Resolution 2292 (2016).
37　Council Decision (CFSP), 2016/993.
38　Security Council Resolution 2292 (2016).
39　Security Council (2016), pp.2-3.
40　European Council (2017).
41　House of Lords, European Union Committee (2017), paras.42-47.
42　Security Council Resolutions 2312 (2016), 2380 (2017).
43　Bo (2015).
44　酒井 (2009), 209-249ページ, とくに注65参照。
45　安保理決議2312, 2380の採択により, 決議2240の権限は1年毎に更新されている。Security Council Resolution 2312 (2016), para.7, Security Council Resolution 2380 (2017) para.7.
46　Caracciola (2017), p.287.
47　決議2240を更新した決議2312は次のとおり規定する。「8. 決議2240の7, 8パラグラフに定められた権限は, リビア沖の公海での移民の密入国と人身取引の状況に関してのみ適用され, 公海上の旗国の自らの船の排他的管轄権についての一般原則を含む, UNCLOSの下のあらゆる権利や義務を含む国際法上の, 加盟国の権利や義務や責任に影響を与えてはならないこと, また10パラグラフの権限は, リビア沖の公海での移民の密入国と人身取引者に対峙した際に限り適用されることを再確認する。」Security Council Resolution 2312 (2016), para.8.
48　Security Council (2015c) ロシア, 中国, チリ, リビアなどの発言。
49　Security Council (2015c), pp.4-6.
50　酒井 (2009), 山田 (2013), 30-55ページ。
51　山田 (2013), 48ページ。

52 浅田（2009），3-40ページ。
53 Simma et al., (2012), p.1295.
54 Security Council Resolution 2331 (2016).
55 Bo (2015).
56 Security Council (2017), pp.4-6.

●参考文献

Bo, Marta (2015), "Fighting Transnational Crimes at Sea under UNSC's Mandate: Piracy, Human Trafficking and Migrant Smuggling", EJIL: *Talk!* Published October 30, 2015, http://www.ejiltalk.org/fighting-transnational-crimes-at-sea-under-unscs-mandate-piracy-human-trafficking-and-migrant-smuggling/ (2016-12-30).

Caracciola, Ida (2017), "Migration and the Law of the Sea: Solutions and Limitations of a Fragmentary Regime", James Crawford, Abdul G. Koroma, Said Mahmoudi, Alain Pellet, eds., *The International Legal Order: Current Needs and Possible Responses*, Brill/Nijhoff, p.274-287.

Council Decision (CFSP) 2015/778 of 18 May 2015 on a European Union military Operation in the Southern Central Mediterranean (EUNAVFOR MED).

――(CFSP) 2016/993 of 20 June 2016, amending Decision (CFSP) 2015/778 on a European Union military operation in the Southern Central Mediterranean (EUNAVFOR MED operation SOPHIA).

EUNAVFOR MED operation Sophia Operational Headquarters, "EUNAVFOR MED operation Sophia", 6 September 2017. https://eeas.europa.eu/sites/eeas/files/eunavfor_med_-_mission_06_september_2017_en.pdf (accessed 25 September 2017).

European Commission (2015), "A European Agenda on Migration", Brussels, 13.5.2015, COM (2015) 240 final.

European Council (2017), "Malta Declaration by the members of the European Council on the external aspects of migration: addressing the Central Mediterranean route", Press Release 43/12.

House of Lords, European Union Committee (2017), "Operation Sophia: a failed mission" 2nd Report of Session 2017-19, Authority of the House of Lords.

Kirsch, Philippe and Mohamed S. Helal (2014), "Libya", Jared Genser and Bruno Stagno Ugarte eds., *The United Nations Security Council in the Age of Human Rights*, Cambridge University Press, pp.396-433.

Krastev, Ivan (2017), *After Europe*, University of Pennsylvania Press.

Papastavridis, Efthymios D. (2014), "Is there a right to be rescued at sea? A skeptical view", *Question of International Law, Zoom-in*, 4, pp.17-32.

Political and Security Committee Decision (CFSP) 2016/118 of January 2016 concerning the implementation by EUNAVFOR MED Operation SOPHIA of United Nations Security Council Resolution 2240 (2015).

Resolution MSC.155（78）（adopted on 20 May 2004），Amendments to the International Convention on Maritime Search and Rescue, 2979, as amended.

Security Council (2015a), Press Release "Security Council Press Statement on Recent Maritime Tragedy on Mediterranean Sea", SC/11870, 21 April 2015.

――(2015b), 7439th meeting, 11 May 2015.

――(2015c), 7531st meeting, 9 October 2015.

――(2016), 7715th meeting, 14 June 2016.

――(2017), "Report of the Secretary-General pursuant to Security Council Resolution 2312 (2016), S/2017/761, 7 September 2017.

Security Council Resolution 748（1992），31 March 1992.

―― Resolution 1970（2011），26 February 2011.

―― Resolution 1973（2011），17 March 2011.

―― Resolution 2009（2011），16 September 2011.

―― Resolution 2240（2015），9 October 2015.

―― Resolution 2292（2016），14 June 2016.

―― Resolution 2312（2016），6 October 2016.

―― Resolution 2331（2016），20 December 2016.

―― Resolution 2380（2017），5 October 2017.

Simma, Bruno, Daniel Erasmus Khan, Georg Note, Andreas Paulus eds. (2012), *The Charter of the United Nations: A Commentary*, Third Edition Volume II, Oxford University Press.

Trevisanut, Seline (2014a), "Is there a right to be rescued at sea? A constructive view", *Question of International Law, Zoom-in*, 4, pp.3-15.

――(2014b), "Which Borders for the EU immigration Policy? Yardsticks of International Protection for EU Joint Borders Management", Loïc Azoulai and Karin de Vries eds, *EU Migration Law: Legal Complexities and Political Rationales*, Oxford University Press, pp.106-148.

浅田正彦（2009）「国連安保理の機能拡大とその正当性」村瀬信也編『国連安保理の機能変化』東信堂。

遠藤乾（2016）『欧州複合危機　苦悶するEU，揺れる世界』中公新書。

岡部みどり（2017）「欧州移民・難民危機とEU統合の行く末に関する一考察」『国際問題』No.662，17-24ページ。

海上保安庁警備救難部（1985）「SAR条約の発効」『トランスポート』第35巻第7号，48-52ページ。

キングスレー，パトリック，藤原朝子訳（2016）『シリア難民　人類に突き付けられた21世紀最悪の難問』ダイヤモンド社。

佐藤以久子（2013）「イタリア・リビア間の公海での追返しに対するノン・ルフールマン――Hirsi Jamaa and Others 対イタリア」『国際人権』第24号，144-146ページ。

――（2014）「欧州共通の庇護制度（CEAS）」『桜美林論考，法・政治・社会』第5号，63-81ページ。

酒井啓亘（2009）「ソマリア沖における「海賊」の取締りと国連安保理決議」坂元茂樹編『国際立法の最前線』有信堂，209-249ページ。

庄司克宏（2007）「EU 難民政策と理念と現実―ローマ条約50年における EU モデル？」『世界』No.763，297-306ページ。

瀬田真（2016）『海洋ガバナンスの国際法―普遍的管轄権を手掛かりとして』三省堂。

中坂恵美子（2016）「国境管理・人命救助・人権保護―EU 地中海地域への大規模な人の流入問題」『日本の科学者』第51巻第7号，32-37ページ。

墓田桂（2016）『難民問題 イスラム圏の動揺，EU の苦悩，日本の課題』中公新書。

村上曆造（1998）「海上執行措置と旗国管轄権」村瀬信也 奥脇直也 編集代表『山本草二先生古希記念 国家管轄権―国際法と国内法』勁草書房，573-601ページ。

山田哲也（2013）「ソマリア「海賊」問題と国連―「安保理の機能変化」論との関わりで―」『国際法外交雑誌』第112巻第1号，30-55ページ。

◆ Summary ◆

This study aims at identifying the role of the United Nations Security Council (SC) in response to a migration crisis in Europe in 2015. Firstly, it overviews processes taken by the European Union to launch the operation EUNAVFOR Med. It then examines a resolution adopted by the SC under Chapter VII of the United Nations Charter to analyze its relevance with the EUNAVFOR Med. Secondly, the study explores provisions of treaties applicable to the migration crisis. It points out that the mass movements of people are unanticipated events, and raises questions whether the right to be rescued at the sea emerges. Thirdly, the paper analyzes the legal and political implications of the decision by the SC. Whereas the SC's decision allows the enforcement measures without the consent of states in principle, the SC nonetheless respects the state sovereignty, which in turn, prevents the operation of EUNAVFOR Med from being pursued at the territorial sea of Libya. The study concludes that the deliberation at the SC and its decision demonstrates its observance of existing principles of international law, it does not recessarily indicate the development of the function of the SC, it rather emphasizes its practical approach to migration crisis.

第3章
ハンガリー現代史と人の移動
―1956年，1989年，2015年―

荻野　晃

1　はじめに

　ハンガリーは1919年のトリアノン条約で歴史的領土の約3分の2を喪失した。その結果，多くのハンガリー人が近隣諸国に少数民族として残された。第二次世界大戦後，ハンガリーはソ連の勢力圏に組み込まれ，西側との人的交流が制限された。第一次世界大戦の終結以来，ハンガリーでは，何度も人の移動を伴う国境での動きが国際社会の注目を集めることになった。

　本章の目的は，ハンガリー現代史を国境における人の移動の視点から論じることにある。分析に際して，1956年のハンガリー事件とその後のオーストリア国境の閉鎖，1989年の体制転換当時のオーストリア国境の開放，2015年の欧州難民危機に際しての南部国境の閉鎖の3つの事例に焦点をあてる。

　次節では，1956年のソ連の軍事介入がきっかけとなったハンガリーからの難民の流出，その後の国境閉鎖によって悪化した対オーストリア関係について述べる。次に，第3，4節で1980年代後半のハンガリーをとりまく国際環境の変化が内政に及ぼした影響，その結果としての体制転換がいかに人の移動の視点からヨーロッパ情勢を変化させたのかを考える。さらに，第5節では，2015年の欧州難民危機へのハンガリーの対応とその結果として生じたヨーロッパ連合（EU）との対立を論じる。最後に，国境での人の移動を通してみえてくるハンガリーの民主主義とヨーロッパの分断，統合との関係について考察する。

2 ハンガリー事件 (1956) と国境閉鎖

2-1 ハンガリー事件と難民

　1956年10月23日，ハンガリーの首都ブダペストでの学生デモをきっかけに，ハンガリーで共産主義者に対する市民の蜂起が勃発した。1953年3月のソ連最高指導者スターリン（J.V. Stalin）の死後，ハンガリーでは勤労者党の一党支配に対する不満が強まっていた。1956年2月のソ連共産党第20回党大会秘密報告における同党第一書記フルシチョフ（Nikita S. Khrushchev）のスターリン批判が明るみにでると，勤労者党の権力基盤が急速に弱まり民主化を求める動きが活発になった。当時のポーランドやハンガリーでの自由を求める動きには，「ヴォイス・オブ・アメリカ」など西側のラジオによる宣伝放送が少なからず影響をおよぼしていた。

　蜂起が勃発するとまもなく，ウクライナ西部のソ連軍が出動した（第一次介入）。当初，ソ連は改革を志向しながら1955年に失脚したナジ（Nagy Imre）を首相に復帰させて事態の収拾をはかった。だが，ナジはまもなく蜂起した市民の側に立つようになった。また，蜂起は他の東欧諸国にも影響をおよぼしつつあった。最終的にフルシチョフは社会主義陣営の瓦解を阻止する意思を固めて，10月31日のソ連共産党政局の協議で本格的な軍事介入を決定した[1]。ハンガリーでの蜂起は11月4日の第二次介入によって鎮圧された。

　蜂起勃発の後，多くのハンガリー人が戦闘を避けて隣国オーストリア領内に流入した。同時に，オーストリアはハンガリーでの政治活動や戦闘への参加を試みようとする亡命ハンガリー人の自国への入国を警戒していた。実際に，ハンガリー事件の勃発後，1947年にスパイ容疑をかけられてアメリカに亡命した元首相ナジ（Nagy Ferenc）がオーストリアに入国していた。1956年当時，オーストリアとハンガリーの国境は閉鎖されていなかった。第二次世界大戦の終結以降，10年にわたるアメリカ，ソ連，イギリス，フランスによるオーストリア分割占領の時期，ソ連にとって，ハンガリーは自国と占領区域であるオーストリア東部との回廊に位置した。

第二次介入の後，総人口の2％弱にのぼる20万ものハンガリー人がオーストリア国境から脱出した。西側がいかに巧みな宣伝放送で自由のための決起を促しても，東欧の自立化を阻止しようとするソ連の軍事力の前では無力だった。ハンガリー人が自由を得るには，まだ閉じられていないオーストリアとの国境を越える以外になかった。

　ハンガリー事件勃発後の難民のオーストリアへの出国に関して，ムルベル（Murber Ibolya）は，以下の3段階に分けて論じた[2]。

第1段階（蜂起勃発から11月3日まで）
約1,000名が国境を越えて難民申請を行った。
第2段階（ソ連軍の第二次介入から1957年1月中旬の国境封鎖まで）
ピーク時の11月23日には8,537人がオーストリアへ逃れた。
第3段階（1957年1月中旬から同年5月末まで）
4,457人がオーストリアへ越境した。

　第二次介入の後に成立したハンガリー社会主義労働者党第一書記カーダール（Kádár János）を中心とする政権は，国内外で自らの正統性を示すため，戦火を逃れて国外へ脱出した自国民に帰還を促した。1956年12月1日，ハンガリー政府は1957年3月31日までに帰還した者を恩赦にすると発表した。にもかかわらず，実際には，帰国から数か月後に（反）革命への関与の容疑で逮捕された事例もあった[3]。自発的に帰国したハンガリー人の正確な数は把握できない。しかし，1958年の時点でも，約17万のハンガリー人が国外に留まっていた[4]。

　さらに，1956年11月28日と1957年1月31日に，ハンガリーはオーストリアに18歳未満のハンガリー人をハンガリー国内の親元へ送還させるよう要求した。しかし，オーストリアは1951年の「難民の地位に関する条約」（難民条約）にもとづき国連難民高等弁務官事務所（UNHCR）と連携しながら対応しようとしており，ハンガリーの要求に応じなかった。未成年者に関して，彼らの保護者がハンガリーで生存しているのか否か，国際赤十字を通して確認する必要があるとオーストリアは強調した。自国に残る未成年者のうち，14歳以下はハンガリーで生きている保護者の要請があった場合，オーストリア政府は送還に応じた。その後，ハンガリー，オーストリア，UNHCRの三者による協議が続いた。最終的に，約1,100人の未成年者が帰国せず，オーストリアに残ることになった[5]。

隣国での蜂起の武力鎮圧と大量の難民の流入を前に，オーストリア政府の中では内相ヘルマー（Oskar Helmer）がカーダール政権に批判的な姿勢を取って，1957年2月に予定されていた芸術，スポーツ交流のためのハンガリー代表団の入国を拒否した。2月25日にハンガリー側は報復として，警察によるオーストリア公使館の包囲を強行した。さらに，数百のオーストリア人が本国へ強制送還された[6]。

2-2　国境閉鎖と対オーストリア関係

ハンガリーは3月末の恩赦の期限切れ後の5月27日に，オーストリアとの国境を高圧電流の流れる鉄条網で閉鎖した。オーストリアは29日にハンガリーの措置に激しく抗議した[7]。

ソ連のハンガリーへの軍事介入は，国際社会からの激しい反発を招いた。そして，ソ連の軍事力を背景に権力を握ったカーダール政権も国際社会において孤立状態に陥った。カーダールがソ連の傀儡でないことを示すには，社会主義陣営以外の国々との関係を改善しなければならなかった。当初，カーダール政権はエジプト，インド，インドネシアなど西欧の植民地支配から脱してまもない途上国との友好関係を樹立することで国際社会での正統性を示そうとした。だが，蜂起の鎮圧後に逮捕された政治犯の釈放を要求する国連総会における「ハンガリー問題」が議題から取り下げられるために，カーダール政権は欧米諸国との関係改善に取り組まねばならなかった。

ハンガリーが欧米諸国との関係修復を模索する場合，歴史的につながりの深い，永世中立国ながら西側の政治，経済制度の隣国オーストリアは重要な相手だった。1955年5月の国家条約（Staatsvertrag）によって，オーストリアが4ヵ国による分割占領を終わらせて主権を回復し，永世中立国として再出発したことが，ハンガリー事件の最中のナジによるハンガリーのワルシャワ条約機構脱退と中立化の宣言に影響を与えたことは否定できない。

1957年11月6日，国連総会からの帰路にハンガリー外相ホルヴァート（Horváth Imre）がウィーンでフィグル（Leopold Figl）外相と会談した。両者は互いに相手への不信感を持ちつつも，二国間の諸問題を話し合いによって解決することで合意した[8]。しかしながら，カーダール政権の対オーストリア関

係修復の試みは，国内外の厳しい状況に左右されて難航することになった。外相会談後の11月25日，駐オーストリア・ハンガリー公使プヤ（Puja Frigyes）がオーストリア外務省政策局長ハイメルレ（Heinrich Haymerle）に関係修復のための協議を提案する覚書を手渡した。1958年1月10日にハイメルレは国境での紛争防止のための合同委員会設置に賛成しながらも，他の問題については外交ルートを通じて合意を見出していくにとどめるべきと返答した。その後の交渉でも，オーストリアはハンガリーとの協議に慎重な姿勢を崩さなかった。1958年7月には，二国間の対話が中断した[9]。

対オーストリア交渉を通して，ハンガリーが国際社会での孤立から脱却するための糸口をつかむのは容易でないことが明確になった。1959年にハンガリー・オーストリア間の話し合いが始まった。その後の二国間の重要な争点の一つが，国境の管理のあり方だった。1960年9月にオーストリアはハンガリーに国境での越境者への発砲をやめて，より後方での地雷による封鎖へと切り替えるように要求した[10]。両国の対話が進展しはじめたのは，1960年代に入ってからだった。ハンガリーにとって，国内政治の変化なしにオーストリアの自国に対する認識を変えることは困難だった。国連総会で「ハンガリー問題」が議題から取り下げられるために，カーダール政権は段階的に政治犯の釈放を実施した。二国間の懸案が一定の解決をみたのは，1964年10月のオーストリア外相クライスキー（Bruno Kreisky）のハンガリー訪問の直前だった[11]。

ハンガリーは1960年代半ば以降に言論統制の緩和や経済改革を進めた結果，東欧で最も寛容な一党支配の国となった。さらに，ハンガリーはオーストリアのみならず西欧諸国との関係改善でも成果をあげた。1961年8月の東ドイツによるベルリンの壁構築により東ドイツから西ドイツへの人の移動が遮断された後，ハンガリーは東西ドイツの人的交流における重要な場所となった。しかし，その一方で，ハンガリー人の国外旅行は制限されていた。オーストリアとの国境も高圧電流の鉄条網で閉鎖された状態のままで，冷戦の固定化とヨーロッパの分断を象徴する場所であり続けた。

3 体制転換（1989）と国境開放

3-1 体制転換と国際環境

　前節で述べたオーストリア国境の閉鎖から30年後，国際環境の変化とともに，ハンガリー国内で変革の動きが始まった。1985年3月にソ連共産党書記長に就任したゴルバチョフ（Mikhail S. Gorbachev）が新思考外交を打ち出すと，社会主義陣営内の国家間関係に変化が生じた。ハンガリーでは，1956年以来の最高指導者カーダールの退陣へ向けた流れが加速した。経済危機が深刻化する中で，ハンガリー国内では高齢化したカーダールの指導力の低下が明確となった。ゴルバチョフが自身の掲げるペレストロイカを東欧へ波及させようとした時，最初に意図したのがカーダールの書記長辞任と社会主義労働者党指導部の刷新だった。

　ソ連・ハンガリー関係に関して，社会主義労働者党内の実情に詳しいレンジュエル（Lengyel László）はカーダールと歴代ソ連指導者との間での「パトロン－クライアント関係」について述べた[12]。ソ連軍の介入後に権力を握ったカーダールにとって，自らの政権の正統性を維持するために，国民の生活水準を向上させることが不可欠だった。ハンガリー経済の持続的な成長には，ソ連からの安価な原油や天然ガスが必要だった。1956年以来，カーダールは国内の安定を維持することでソ連指導者の期待に応えてきた。だが，ゴルバチョフとカーダールとの間には「パトロン－クライアント関係」が成立しなかった。当時のソ連には，カーダールが期待する経済支援はもはや不可能だった。さらに，ゴルバチョフはハンガリーの経済危機を陣営内部での深刻な問題と捉えており，危機に対処できないカーダールに繰り返し退陣を求めた。

　ハンガリー社会主義労働者党全国会議前夜の1988年5月19日，ゴルバチョフとカーダールの電話会談が行われた。すでに党内の求心力を失っていたカーダールは，ゴルバチョフに辞意を伝えた[13]。カーダール退陣を契機に，ハンガリー国内での改革が進展した。

3-2 ルーマニアからの難民流入

　カーダール時代末期，隣国ルーマニアから難民が流入していた。1980年代後半，ルーマニア共産党書記長チャウシェスク（Nicolae Ceaușescu）は農村改造を意図して，近代化に取り残されながらも貴重な伝統文化が残るトランシルヴァニア地方の農村を破壊した。その結果，多くの人々が住むところを追われて越境した。難民の多くがハンガリー系少数民族であり，ハンガリー国内でチャウシェスク政権への反発が強まっていた。1988年2月1日，ブダペストのルーマニア大使館前でハンガリー系少数民族への人権侵害に抗議するための自発的なデモが行われた。社会主義陣営内部において同盟国の在外公館前で公然と抗議行動が行われたことは異例だった。ハンガリーでの抗議行動はその後も繰り返された。両国の対立は同年6月に双方の総領事館の閉鎖にまでエスカレートした。

　カーダールの後任の書記長グロース（Grósz Károly）は，チャウシェスクとの直接対話による事態の打開をめざした。就任当初，グロースは難民問題でゴルバチョフの支援を期待した。にもかかわらず，ゴルバチョフはハンガリー・ルーマニア間の問題に干渉しなかった[14]。

　グロースとチャウシェスクとの会談は，8月28日にルーマニアのアラドで開催された。両国の首脳会談は11年ぶりだった。にもかかわらず，成果はなかった。グロースが会談の冒頭で「両国の好ましくない関係は双方に等しく責任がある」と述べたことを，ハンガリーの現代史研究者フェルデシュ（Földes György）は過ちだったと強調する。会談で，難民の問題はルーマニアでなくハンガリーの国内問題であり，ルーマニアは自国民の不法な越境の阻止に努めているとチャウシェスクは強弁した[15]。

　アラド会談後の9月には，ハンガリー系ルーマニア人がブルガリアの首都ソフィアのハンガリー大使館に保護を求めた。最終的に，ハンガリーは国際赤十字の仲介で彼らをブルガリアからオーストリアへ出国させた[16]。

　アラド会談の後，ハンガリー国内ではグロースへの批判が強まった。同時に，経済危機の打開のためにグロースよりも抜本的な改革を主張するポジュガイ（Pozsgay Imre）やネーメト（Németh Miklós）などの発言力が党内で強まり，

体制転換へ向けた動きが加速することになった。さらに、難民問題はハンガリーに国際機関の支援を得ることの必要性を痛感させた。その結果、1989年3月にハンガリーは東欧で初めて難民条約に調印した。

4　オーストリア国境の開放

　難民条約調印からまもなく、ハンガリー外交の真価が問われる事態が発生した。1987年にハンガリーで外国旅行が自由化されると、自国民の西側への逃亡を阻止する目的でオーストリア国境に設置された鉄条網の存在意義がなくなった。さらに、カーダールの書記長辞任後に民主化が進展すると、鉄条網の存在自体が過去の政治的迫害の遺物となった。1989年2月28日、社会主義労働者党政治局が鉄条網の撤去を決定した[17]。

　1988年11月に首相に就任したネーメトが翌年3月3日にソ連を訪問して、ゴルバチョフから鉄条網撤去の了解を得た。ネーメトは鉄条網について「今やハンガリーを経由して非合法に逃れようとするルーマニアや東ドイツからの市民を捕捉するためだけに役立つものである。ハンガリー人はもはや越境しようとしない。合法的に出国する機会がある」と語った[18]。

　5月2日、32年にわたり人の移動を遮断したオーストリア国境の鉄条網の撤去が始まった。鉄条網の撤去が自国に及ぼす影響を、東ドイツは早くから深刻に受けとめていた。すでに、カーダール退陣以降、ハンガリーで民主化が進展する中で、東ドイツはハンガリーへの批判を強めていた。他方、国際環境の変化にもかかわらず、頑強に変革を拒む社会主義統一党指導部に対する東ドイツの人々の失望や反感が強まっていた。当時、東ベルリンのハンガリー大使館からの報告をもとに作成された本国外務省の記録（MNL OL KÜM TÜK NDK 1989）から、1988年段階でハンガリーによるオーストリア国境の鉄条網の撤去が自国民のハンガリーへの流入を引き起こす可能性に東ドイツ国防次官が言及していたこと、ハンガリーの難民条約加盟で予想される自国民への対応に東ドイツが関心を持っていたことが確認できる。

　1989年の夏、西ドイツへの亡命を希望する東ドイツ人がハンガリー国内に殺到した。東ドイツ政府が鉄条網撤去への対策を講じるより早く、多くの東ドイ

ツ人が夏季休暇を口実にハンガリーに入国した。当初，東ドイツ人たちはブダペストの西ドイツ大使館に保護を求めた。東ドイツ人の大量流入の結果，8月13日にブダペストの西ドイツ大使館が領事業務を停止した。その後，ハンガリー国内の4ヵ所に帰国を拒む東ドイツ人を収容する施設が設置された。東ドイツ人の中には，鉄条網のなくなった国境を越えてオーストリアへ逃げる者もいた。たとえ鉄条網が撤去されても，オーストリアへの入国ビィザを持たない東ドイツ人の越境が非合法なのはいうまでもない。

　西ドイツへの亡命を希望する東ドイツ人をめぐって，ハンガリー・東ドイツ間でいかなるやり取りがあったのか。ハンガリーの外交文書（*MNL OL KÜM TÜK NDK 1989*）によれば，8月8日，東ドイツ大使フェーレス（Gerd Vehres）が二国間協定を根拠に，ハンガリーに対して自国民の西ドイツへの出国を認めないよう要求した。ハンガリーと東ドイツは，1969年6月20日に観光ビィザの免除に関する協定を締結した。同協定の第6条によれば，一方の締結国の国民は相手国に30日間滞在可能で，相手国の大使館，総領事館が同意した場合のみ滞在期間の延長が可能であった。また，同協定の第8条では，一方の締結国の旅行者が相手国の法律に違反した場合，相手国は旅行者の滞在許可を取り消して帰国させることができると規定されていた。東ドイツは第6条，第8条にもとづいて滞在許可の期限が切れたにもかかわらずハンガリーに残っている自国民の送還を迫った。外務次官ショモジ（Somogyi Ferenc）は難民条約加盟で生じた難民保護の義務を強調した。

　8月下旬，ハンガリーは決断の時を迎えた。8月21日深夜，ケーセグ近郊のオーストリア国境でハンガリー国境警備隊が越境を試みた東ドイツ人に発砲して死亡させる事件が起こった。8月22日にハンガリー政府は自国内の東ドイツ人を自由に出国させることを決定した。ハンガリー出身の国際ジャーナリスト，オプラトカ（Oplatka András）が述べるように，政策決定はネーメト，外相ホルン（Horn Gyula），内相ホルヴァート（Horváth István）に加え，法務事務次官，2名の首相府スタッフによってなされた[19]。

　最初に，ハンガリーは西ドイツ大使館にいる東ドイツ人を国際赤十字の仲介で出国させた。24日深夜，西ドイツ大使館にいた東ドイツ人117名が空路でオーストリアへ出国した。この措置には，前年9月にソフィアの自国大使館へ

駆け込んだハンガリー系ルーマニア人をオーストリアへ出国させた経験が活かされていた。さらに，ハンガリー政府は西ドイツ亡命を希望するすべての東ドイツ人の出国の準備を始めた。東ドイツ人の出国には，西ドイツの協力が不可欠だった。8月25日，ネーメトとホルンが東ドイツ人の問題を協議するため西ドイツに向かった。両者は首都ボン郊外のギムニッヒ宮で首相コール（Helmut Kohl），外相ゲンシャー（Hans-Dietrich Genscher）と会談した。ネーメトは人道的な見地から東ドイツ人に国境を開放すると伝えた。コールはハンガリーへの支援を約束した[20]。

　8月31日にはホルンが東ベルリンを訪問し，外相フィッシャー（Oscar Fischer），社会主義統一党中央委員会書記ミッターク（Günter Mittag）と会談した。ホルンは東ドイツ人の出国を許可するハンガリーの立場を伝えた。その際，ホルンは出国許可を「提案」でなく「決定」だと強調した。フィッシャーは「決定」の撤回を求めた。ホルンは「ハンガリーは1951年のジュネーヴ国際難民協定（難民条約）に加盟しており，協定の義務が二国間協定に優先される」と述べて，撤回に応じなかった。ミッタークは国家保安省（Stasi）の要員を東ドイツ人のいる収容施設に向かわせると述べた。ホルンはStasi関係者の身の安全を保証しないと反論し，ハンガリーへの入国禁止を通告した[21]。

　9月10日の19時に，ホルンが東ドイツ人の出国を許可すると発表した。発表の後，オーストリアから75台のバスが4ヵ所のハンガリー国内の収容所に到着し，東ドイツ人のオーストリア経由での西ドイツ移送が始まった。

　東ドイツがハンガリーの国境開放への対抗措置として，自国とハンガリーとの間に位置するチェコスロヴァキアとのビィザ免除協定を停止すると，東ドイツ国内で反体制デモが発生した。まもなく，東ドイツの最高指導者ホーネッカー（Erich Honecker）は退陣に追い込まれた。ハンガリーの国境開放からベルリンの壁崩壊まで2ヵ月足らずだった。さらに，壁崩壊の約一ヵ月半後には，ルーマニアのチェクシェスク政権も崩壊したのである。

5 欧州難民危機 (2015) と国境閉鎖

5-1 ハンガリーの国内政治

　体制転換後の最初の自由な総選挙から20年が過ぎた2010年4月の総選挙は，ハンガリー政治のターニングポイントとなった。2006年の総選挙の後，ハンガリーでは左派政党の退潮が著しかった。ハンガリーは体制転換から15年を経た2004年にEU加盟を実現した。しかし，加盟交渉で厳しい制度改革や法整備を迫られ，加盟後も長く労働力の移動に制限が課されるなど，ハンガリーをはじめ新加盟国には不満が残った。さらに，リーマンショックに端を発した経済危機と相俟って，社会党が主導したヨーロッパ統合と西欧モデルでの国家建設への有権者の幻滅が広がった。2010年の総選挙で，右派政党フィデスが3分の2を越える議席を得た。8年ぶりに首相に復帰したオルバーン (Orbán Viktor) は2011年にカトリックの保守的な価値観を反映した新憲法 (基本法) を制定した。また，オルバーンは2011年のメディア法により，マスコミによる政権への批判的な報道に規制を加えようと試みた。さらに，オルバーン政権は裁判官，検察官の退職年齢の引き下げと年金受給年齢の引き上げ，社会党政権が任命した中央銀行総裁の権限抑制のための副総裁ポストの増加などで，裁判所や中央銀行への介入を強めた。

　オルバーンが推進してきた行政府の権限強化は，基本的人権や法の支配などEUの価値観と相容れなかった。オルバーンはEUからの批判に対して加盟国の主権の優位を強調した。オルバーンやフィデスのEUに対する姿勢には，第一次政権 (1998-2002) 当時の加盟交渉での苦しい体験が影響している。さらに，ロシア，中国などのヨーロッパ以外の大国の台頭，ギリシャ発のユーロ危機が，オルバーン政権のEUへの求心力を低下させた。

　オルバーンの政治手法への国内外の反発にもかかわらず，フィデスは高い支持率を維持し，2014年の総選挙でも3分の2の議席を確保した。さらに，オルバーンは総選挙の勝利を，西欧をモデルとした体制転換後の自国の過去と訣別するための契機と捉えた。総選挙後の7月，オルバーンはルーマニアのトラン

シルヴァニア地方で毎年開催される夏期大学における講演で「西側的でも，自由主義的でも，たぶん自由民主主義的でもないにもかかわらず成功している国家がどのような体制なのかを世界は理解しようとしている」と語り，成功した国家の例としてシンガポール，中国，インド，ロシアを挙げた。

5-2 南部国境の閉鎖

　2011年に始まったシリア内戦が長期化し，多くの人々が難民となって国外に流出した。難民にはシリアのみならず，イスラム過激派の台頭で治安が悪化したイラク，アフガニスタン，アフリカ諸国の出身者も含まれていた。難民の多くは豊かな生活を求めてヨーロッパへ向かった。当初，難民のヨーロッパへの流入は北アフリカからイタリアに上陸する地中海ルートだった。2015年になると，トルコからエーゲ海を渡ってギリシャを経由し，西欧をめざして陸路を北上するバルカン・ルートが浮上した。ギリシャはEU加盟国だがEU未加盟の西バルカン諸国を挟んで他のEU加盟国から地理的に離れており，西欧をめざす難民が最初に到着するEU加盟国，正確には後述するシェンゲン協定加盟国がハンガリーだった。

　2015年の春，多くの難民が南からハンガリーに流入した。難民はハンガリーに定住するのでなく，あくまでドイツでの難民申請を希望した。政治的迫害によって祖国を追われた「難民」はハンガリーにたどり着いた時点で，すでに経済的動機から西欧をめざす「移民」へと性格を変えていた。

　ハンガリー国内では，4ヵ所に難民キャンプが設置された。増加する難民への支援が，ハンガリーにとって経済的に負担だったことはいうまでもない。さらに，経済的負担のみならず治安の悪化への危惧から，ハンガリー国内で難民に対する反発が強まった。2015年6月，オルバーン政権は難民の非合法的な越境行為を阻止するために，セルビアとの国境に全長約175キロメートル，高さ4メートルのフェンスを設置した[22]。

　オルバーン政権によるフェンスの設置は，EU内部とくにドイツから激しい批判を招いた。他方，オルバーンもまたドイツの難民政策に反発した。人道的な動機が強く反映されたとはいえ，ドイツ政府の対応が従来のEUの域外との国境管理や難民申請のあり方に反していたことは事実である。イギリス，アイ

ルランド，キプロス，ルーマニア，ブルガリア，クロアチアを除く EU 加盟国および EU 非加盟のノルウェー，スイス，アイスランド，リヒテンシュタインの域内では，「シェンゲン協定」により人の移動の自由が保証されていた。しかし，その一方で，同協定の加盟国は協定域外からの人の出入国管理を厳格に行う義務を負っていた。ハンガリーにとって，シェンゲン域内の治安や安全保障の観点から増加する難民を無原則に入国させることはできなかった。

　さらに，域外からの難民に関して，EU は「ダブリン規則」によって，難民の申請手続きを最初に入国した国で行うよう定めていた。ハンガリーにとって，難民申請の手続きをしないままの入国者をオーストリアへ出国させることはできなかった。ダブリン規則の意図は，EU 域内での二重の難民申請を防ぐことにあった。ダブリン規則が厳格に適用されれば，難民はハンガリーで申請手続きを行わねばならなかった。本来なら，ダブリン規則にもとづく難民申請はギリシャでなされるはずだった。だが，経済危機にあえぐギリシャはなし崩し的に難民を北方の隣国マケドニアへ出国させた。

　2015年8月下旬，難民の一部は，オーストリアやドイツへ向かう国際列車が出るブダペスト東駅付近で早急に出国させないハンガリー政府への非難の声を挙げた。9月5日にドイツ首相メルケル（Angela D. Merkel）はダブリン規則を形骸化させて，ハンガリーにいる難民の自国への受け入れを表明した。にもかかわらず，ハンガリーに滞在していた難民が一斉にドイツへ向かうことなど不可能だった。9月上旬に，ハンガリーからオーストリアを経由してドイツへ向かう国際列車が運休した。その結果，難民はハンガリーの国内列車でオーストリア国境に位置するヘジェシュハロムないしショプロンへ向かい徒歩で越境した。

　オルバーン政権は自国内に留まる難民を段階的にオーストリアへ出国させる一方で，難民の流入に歯止めをかけるためにセルビアとの国境を閉鎖した。セルビア国境では，フェンスや鉄条網で閉鎖された国境を越えようとする難民とそれを阻止しようとする警察や軍との衝突が発生した。

　2015年10月以降，難民は閉鎖されたセルビア国境でなく西方のクロアチア国境からハンガリーへの入国を試みた。2013年7月に EU に加盟したクロアチアは，シェンゲン協定には未加盟だった。オルバーン政権はセルビア国境に続き，

クロアチア国境もフェンスや鉄条網で閉鎖した。

　ハンガリーの難民危機への対応に関して，欧米では，全長数百キロに達したフェンスや鉄条網の写真や国境で起こった衝突の動画などの影響で批判が強かった。しかしながら，ハンガリーがシェンゲン域外からの難民流入を前に，非合法な越境の阻止を試みたのはやむを得ない措置だった。難民危機に際しての欧米メディアによるハンガリーに厳しい報道姿勢が，オルバーンの強引な政治手法に対する批判の延長線上にあったことは否定できない。

　ポーランド，チェコ，スロヴァキア，ハンガリーの4ヵ国の地域協力であるヴィシェグラード・グループ（V4）の2016年2月15日のプラハでの首脳会談で，4ヵ国は域外との国境管理の強化を主張した。具体的には，ギリシャに上陸した難民が再度EU加盟国に入るのを阻止する案が検討された。

　2015年11月13日のパリの同時多発テロ事件を契機に，西欧諸国でも難民受け入れへの懸念が強まった。テロ実行犯には，難民に紛れてフランスに入国した者も含まれていた。12月31日にはドイツのケルンで，中東出身とみられる多くの難民申請中の男たちが現地の女性に性的暴行を加える事件が発生した。テロや治安の悪化と相俟って，難民危機で結束するV4の主張は，EU内部で無視しえなくなっていた。

　2016年4月，EUはギリシャ国内に不法滞在する難民のトルコへの送還に踏み切った。さらに，マケドニアがギリシャとの国境を閉鎖したため，難民にとってのバルカン・ルートによる西欧への道が閉ざされた。

5-3　EUとの対立

　2015年5月に欧州委員会は難民対策の指針「人口移動に関するヨーロッパのアジェンダ」を発表した。EUは同指針にもとづき，加盟国に人口や経済規模に応じて難民の受け入れを義務づけた。当初，EU加盟国が受け入れる難民の合計は4万人だったが，同年9月には16万人に増加した。EUによる難民の受け入れ割り当てによれば，ハンガリーは2015年9月から2017年9月までに1294人を受け入れるよう義務づけられた（*NOL* 2015.09.25）。難民の受け入れ割り当てに不満を抱いたスロヴァキアとハンガリーは，2015年12月2日に欧州司法裁判所に提訴した[23]。

ハンガリー国内で，EU が加盟国に難民受け入れ割り当てを定めた政策の是非を問う国民投票が2016年10月2日に実施されることになった。オルバーンが国民投票の実施に踏み切った背景として，同年6月のイギリスの国民投票における EU 離脱派の勝利が挙げられる。オルバーンは離脱を主張する強硬な EU 懐疑主義者でない。イギリスの国民投票に際して，オルバーンは EU 残留を支持した。現実に，ハンガリーは EU から多額の公共投資を得る受益国である。にもかかわらず，イギリスの国民投票の結果が，オルバーンにはブリュッセルに対する加盟国の主権の優越の証と映った。そのため，EU が決めた難民の受け入れ割り当てを覆すには直接有権者に問うことが正統な手段だとオルバーンは判断したのである。

　社会党をはじめとする左派の野党は政府の難民への強硬姿勢に批判的だったが，有権者の反発を恐れて曖昧な態度を取っていた。国民投票でも，野党は政府の方針に反対するよう強く訴えなかった。フィデス支持者ばかりでなく，野党支持者の多くも難民の受け入れに反対だった。

　ハンガリー政府が国民投票の実施を決定すると，西欧から批判の声が挙がった。2016年9月にルクセンブルク外相アッセルボーン（Jean Asselborn）はドイツの『ヴェルト』誌のインタヴューで，ハンガリーについて「一時的ないし必要な場合には，永久にハンガリーを EU から締め出さねばならない」と述べた[24]。ハンガリー外相シーヤールトー（Szijjártó Péter）は「ハンガリーは歴史の中でいつもヨーロッパを守ってきた，そして今もそうである。ハンガリーの人々は10月2日に不法移民やブリュッセルの割り当て案について意見を表明するのだ」と反論した[25]。

　ハンガリーが西欧文明の辺境で，モンゴル帝国やオスマン帝国など異教徒の侵攻からカトリック世界を守る盾の役割を果たしてきた点にシーヤールトーは言及した。多くのハンガリー人にとって，難民問題で国際的に非難をあびたことは，第一次世界大戦後のトリアノン条約での歴史的領土の喪失，失地回復に失敗した末の第二次世界大戦での敗戦，ソ連の軍事介入による民主化の挫折など，自国の不幸な歴史と重ね合わせて西欧への不信感をかきたてた。フィデスにとって，難民への対応で言われなき批判にさらされるハンガリーはあくまで「被害者」だった。

難民の受け入れ割り当ての是非をめぐる国民投票は，投票率43.9％で成立しなかった。2011年の基本法により，国民投票の成立のために有効投票率50％が必要となっていた。しかし，有権者の難民への反発は根強く，有効票のうちEUによる難民の受け入れ分担への反対が98％を占めた。

　不成立だった国民投票の後，11月8日にオルバーン政権は難民の受け入れ割り当てを拒否するため，EU加盟国の国民を除く外国人の居住にハンガリー政府の承認を義務づける基本法の改正を試みた。だが，極右政党ヨビックが棄権したため，賛成票が改正に必要な3分の2に満たなかった。フィデスは2014年の補欠選挙で敗れ，国会で3分の2の議席を割っていた[26]。

　2017年9月6日に欧州司法裁判所がEUによる難民の受け入れ割り当てを不当だとするスロヴァキア，ハンガリーの訴えを退けた。シーヤールトーは判決に不満を表明し，難民のヨーロッパ全体への脅威を説いた[27]。

　オルバーン政権のEUによる難民の受け入れ割り当てを拒否するための国民投票，基本法の改正，欧州司法裁判所への提訴はいずれも失敗した。にもかかわらず，2018年4月の総選挙で，フィデスは3分の2の議席（66.83％）を得た。フィデスは選挙戦で難民の受け入れ反対を訴え，難民問題でハンガリー政府への批判を強めるハンガリー出身のアメリカ人投資家ソロス（George Soros）と野党を結びつけ難民の脅威を煽った。オルバーンは難民問題で自国に理不尽な圧力を加えるEUやソロスに立ち向かう強い指導者を演じた。

　実際には，フィデスの圧勝は野党の分裂によるところが大きい。フィデスは全国リスト（比例代表）92議席のうち49.60％の得票率で42議席にとどまりながら，全国106の小選挙区で91議席を獲得した。しかし，選挙結果から，ハンガリー国内で難民受け入れに対する反対意見が根強いことも明らかとなった。オルバーンは3分の2の議席獲得の結果をもとに，難民問題でEUへの強硬姿勢を崩していない。

6　おわりに

　本章では，1956年のハンガリー事件，1989年の体制転換，2015年の欧州難民危機を事例として，60年あまりのハンガリー現代史を国境における人の移動で

生じた問題に焦点をあてて論じた。3つの出来事に共通しているのは，国際環境がハンガリーの国内政治の変化を促し，やがてハンガリーの動向がヨーロッパ規模での国際関係に影響をおよぼしたことである。その際，国際情勢と国内情勢との相互作用の媒介となったのが人の移動であった。

　1956年のハンガリー事件では，1953年のスターリンの死を契機にソ連で生じた変化がハンガリーでの民主化を求める市民の蜂起につながった。しかし，ソ連の軍事介入により蜂起が鎮圧されると，多くのハンガリー人が弾圧を逃れ難民としてオーストリア国境を越えた。カーダール政権がオーストリア国境を鉄条網で閉鎖した結果，西側のプロパガンダや圧力で変えることのできないヨーロッパの東西分断が明確となった。

　ゴルバチョフ登場後の国際環境の変化は，1956年に頓挫した民主化の動きを加速させた。さらに，ルーマニアからの難民の流入への抗議デモが体制転換当時の市民の自発的な街頭での行動への起爆剤となった。

　民主化の進行する過程にあった1989年にハンガリーがオーストリア国境の鉄条網を撤去すると，東ドイツから亡命希望者が殺到した。ハンガリーによる東ドイツ市民へのオーストリア国境の開放は，東ドイツの独裁体制の崩壊のみならず，まもなくヨーロッパの東西分断の終焉につながった。

　EU加盟を果たしたハンガリーは，ヨーロッパ統合の恩恵を受けた。にもかかわらず，2000年代末から，ハンガリーでは民主主義の衰退と右傾化が進行した。2015年の欧州難民危機で，オルバーン政権は難民の受け入れを拒んで南部国境をフェンスや鉄条網で閉鎖し，EUによる加盟国への難民の受け入れ割り当てに激しく反発した。オルバーンは難民問題を利用して2018年の総選挙で大勝し，非リベラル・デモクラシーの動きをさらに強めている。かつて民主化の過程でヨーロッパの東西分断の終結に重要な役割を果たしたハンガリーが，今ではEUの民主的な価値と衝突しながら域内の東西分断を助長しているのである。

●注
1　Szereda-Rainer (1996), 62-65.o.

2 Murber (2016), 136-137.o.
3 Tiphaine (2016), 97-99.o.
4 Szabó (2007), 188.o.
5 Soós (1998), 182-183.o.
6 Eger (1981), S.59-60.
7 Gecsényi (2000), 68.o.
8 Gecsényi (2000), 76-78.o.
9 荻野 (1996), 108-122ページ。
10 Gecsényi (2013), 75.o.
11 Soós (2001), 196.o.
12 Lengyel (1998), 41.o.
13 Baráth-Rainer (2000), 122-125.o.
14 Baráth-Rainer (2000), 137-138.o.
15 Földes (2007), 424-429.o.
16 Révész (2008), p.62.
17 *MNL OL*, MDP-MSZMP Iratok, 1989.
18 Savranskaya-Blanton-Zubok (2010), pp.412-413.
19 Oplatka (2008), 198.o.
20 Horn (1991), 246.o.; Horváth 2009, 156-157.o.
21 Horn (1991), 249-250.o.; Horváth 2009, 159-160.o.
22 *NOL*, 2015.06.18.
23 墓田 (2016), 123 ページ。
24 *Die Welt*, 13.09.2016.
25 *NOL*, 2016.09.13.
26 『朝日新聞』2016年11月9日。
27 *MH*, 2017.09.06.

●引用文献
未公刊文書
Magyar Nemzeti Levéltár Országos Levéltár [MNL OL], MDP-MSZMP Iratok, 1985-1989.
Magyar Nemzeti Levéltár Országos Levéltár, KÜM TÜK Iratok, NDK, 1989.
公刊資料集
Szerk.: Baráth Magdolna, Rainer M. János (2000), *Gorbacsov tárgyalásai magyar vezetőkkel: Dokumentumok az egykori SZKP és MSZMP archíumaiból 1985-1991*, 1956-os Intézet.
Szerk.: Gecsényi Lajos (2000), *Iratok Magyarország és Ausztria kapcsolatainak történetéhez 1956-1964*, Magyar Országos Levéltár.
Savranskaya, Svetlana, Thomas Blanton and Vladislav Zubok, eds., (2010), *Masterpieces of History: The Peaceful End of the Cold War in Europe, 1989*, Central European University Press.

Szerk.: Szereda, Vjacseszlav, Rainer M. János (1996), *Döntés a Kremlben, 1956: A szovjet pártelnökség vitái Magyarországról*, 1956-os Intézet.

荻野晃 (1996)「資料　ハンガリー・オーストリア間の外交文書の交換　1957-1958」『法と政治』第47巻第4号，108-122ページ。

回想録

Horn Gyula (1991), *Cölöpök*, Zenit Könyvek.

Horváth István (2009), *Az elszalasztott lehetőség: A magyar-német kapcsolatok 1980-1991*, Corvina Kiadó.

二次文献

Eger, Rainer (1981), *Krisen an Österreichs Grenzen: Das Verhalten Österreichs während des Ungarnaufstandes 1956 und tschechoslowakische Krise 1968*, Verlag Herald.

Földes György (2007), *Magyarország, Románia és a nemzeti kérdés・1956-1989*, Napvilág Kiadó.

Gecsényi Lajos (2013), "A szembenállástól a kiegyezésig. A magyar-osztrák viszony a megbékélés útján (1959-1970)," *Külügyi Szemle,2*, 69-101.o.

Lengyel László (1998), "A kádári párt bukása: az utódlási harc," *Rubicon*, 1, 40-45. o.

Murber Ibolya (2016), "Az 1956-os magyar menekültek Ausztriában: menekültlét és integráció," *Múltunk*, 61, 3, 123-159.o.

Oplatka András (2008), *Egy döntés története: Magyar határnyitás-1989. szeptember 11. nulla óra*, Helikon.

Révész, Béla (2008), " "Out of Romania!" Reasons and Method in State Security Documents 1987-1989," *Regio*, 11, pp.8-66.

Soós Katalin (1998), "Ausztria és a magyar menekültügy 1956-57," *Századok*, 5, 1017-1051. o.

Soós Katalin (2001), "Dr. Bruno Kreisky osztrák szövetségi külügyminiszter budapesti látogatása és tárgyalásai (1964.október 29-november.1)," *Múltunk*, 46, 4, 187-212.o.

Szabó Juliet (2007), ""…s várja eltévedt fiait is.": Az MSZMP repatriálási és hazalátogatási politikája 1956 és 1963 között," *Múltunk*, 52, 1, 187-213.o.

Tiphaine, Robert (2016), "Mindennek ellenére –Az 1956-os menekültek hazatelepülése (1956-1961)," *Múltunk*, 3,91-122.o

墓田桂 (2016)『難民問題—イスラム圏の動揺，EUの苦悩，日本の課題』中央公論新社。

ウェブサイト

"Prime Minister Viktor Orbán's Speech at the 25th Bálványos Summer Free University and Student Camp (30.07.2014)," Website of the Hungarian Government.
http://www.kormany.hu/en/the-prime-minister/the-prime-minister-s-speeches/prime-minister-viktor-orban-s-speech-at-the-25th-balvanyos-summer-free-university-and-student-camp (accessed 2017-05-10).

"A European Agenda on Migration (13.05.2015),"European Commission.
http://eur-lex.europa.eu/legal-content/EN/TXT/?qid=1449677641016&uri=CELEX:52015DC0240(accessed 2016-09-30).

"Joint Statement on Migration (15.02.2016)," Visegrad Group.
  http://www.visegradgroup.eu/calendar/2016/joint-statement-on (accessed 2016-09-29).
"Asselborn fordert Ausschluss Ungarns aus der EU" *Die Welt*, 13.09.2016.
  https://www.welt.de/politik/ausland/article158094135/Asselborn-fordert-Ausschluss-Ungarns-aus-der-EU.html (accessed 2016-09-17).
"Országgyűlési képviselők választása (2018.04.08)," Nemzeti Választási Iroda.
  http://portal.valasztas.hu/dyn/pv18/szavossz/hu/eredind.html (accessed 2018-04-10)

新聞

『朝日新聞』2016年11月9日。

Népszabadság On Line [NOL], 2015.06.18.
  http://nol.hu/kulfold/szaznyolcvanezer-felett-a-menedekkerok-szama-1540813 (accessed 2015-06-20).

Népszabadság On Line, 2016.09.13.
  http://nol.hu/kulfold/szijjarto-eddig-is-tudtuk-hogy-asselborn-komolytalan-figura-1631609 (accessed 2016-09-16).

Népszabadság On Line, 2016.09.25.
  http://nol.hu/belfold/nepszavazas-kvota-bevandorlas-magyarorszag-europai-unio-1633311(accessed 2016-09-27).

Magyar Hírlap [MH]. *hu*, 2017.09.06.
  http://magyarhirlap.hu/cikk/97245/Szijjarto_Peter_Az_igazi_csata_csak_most_kezdodik (accessed 2017-09-07).

◆ Summary ◆

The aim of this chapter is to analyze migration problems in modern Hungarian history. Especially the author focuses on how Hungary coped with migration during the Hungarian Revolution of 1956, the System Change of 1989 and the European Refugee Crisis of 2015.

The people's uprising of 1956 was crushed by the Soviet army. After the military intervention, 200,000 Hungarians crossed border with Austria and sought asylum. The Hungarian Government closed the border with barbed-wire, which had a high-tension current, in 1957.

When the Hungarian Government removed the barbed-wire stretched around the border of Austria in 1989, more than 6,500 East Germans rushed to Hungary to migrate to West Germany by way of Austria. Although East German Government urged Hungary to repatriate them, the Hungarian Government opened the border to let them go to West Germany.

Refugees from Middle East tried to move to West Europe in 2015. Hungary was the front entrance of the Schengen Agreement area, in which internal border checks have largely been abolished. In spite of criticism from the European Union, the Hungarian Government closed southern border to prevent them from entering Hungarian territory illegally.

第4章
イスラームがヨーロッパ社会に与える影響

鳥羽　美鈴

◆

1　はじめに

　宗教であるにとどまらず権利，倫理や生活様式にも関わるとされるイスラーム[1]とムスリム[2]（イスラーム教徒）に対する不安は，2001年9月11日にイスラーム過激派による同時多発テロを経験したアメリカ合衆国だけではなく，その前後に主要都市で発生した数々のテロ事件により多数の死傷者が出たヨーロッパ諸国の多くの人々に近年も引き続き共有されている感情であるといえる。
　フランスでは，90年代にテロ事件が頻発した。1991年にアルジェリアの総選挙でイスラーム救国戦線（FIS）が圧勝後，軍部によるクーデターにより過激派のテロが活発化した影響などからフランスも標的となったためである。1994年12月24日に，アルジェリアでエールフランスの航空機がアルジェリア人過激主義者によりハイジャックされる事件が起きたが，彼らがパリ上空での航空機爆破を企てていたという知らせは，人々のイスラームに対する恐怖心を高めた[3]。1995年7月から10月の間には，パリを中心に度重なる爆破事件が発生しているが，なかでも7月25日に発生したRER・B線での爆破テロは深刻な被害をもたらした。パリでの爆弾テロとしては86年以来9年ぶりのことでもあり，人々にとって衝撃的な出来事となった。これら一連のテロ事件の起点となるのは，その2週間前の7月11日にパリでイスラーム救国戦線の設立者の一人で穏健派といわれたアブデルバキ・サラウィ（Abdelbaki Sahraoui）が暗殺された事件である。アルジェリアでの武装間対立が突如としてフランスへ持ち込まれたこ

とを人々は思い知らされた。同時に，イスラームの否定的なイメージは，過激派やテロのイメージと重なるようになる。

スペインの首都マドリードでは2004年3月に列車爆破テロ，オランダ最大の都市アムステルダムでは2004年11月に映画監督テオ・ファン・ゴッホ（Theo Van Gogh）の暗殺事件，そしてイギリスの首都ロンドンでは2005年7月に同時爆破事件が，いずれもイスラームへの忠誠を掲げる犯罪者らによって引き起こされた。また，2005年9月に，デンマークの日刊紙に掲載されたムハンマド風刺画をめぐる論争がヨーロッパからイスラーム諸国まで広がった。2015年1月には，同様の風刺画を掲載し続けたフランスの週刊誌シャルリー・エブド（Charlie Hebdo）本社がイスラーム過激派に襲撃されて死傷者を出す事件が発生している。フランスではまた，2015年11月にパリで同時多発テロ事件，2016年7月に南部のニースでトラック突入テロ事件が発生した。それぞれ金曜夜と革命記念日という多くの人で賑わう時をねらったもので，数多くの死傷者を出す惨劇となった（**章末年表**参照）。

そもそもヨーロッパでは，中世の時代からイスラームに対する不信感が強い。フランス植民地当局は1870年代のアルジェリアで，カトリック教徒とユダヤ教徒に認めるフランス国籍をムスリム（イスラーム教徒）には認めないというダブルスタンダード政策をとった。そして，イスラームはフランスらしさを妨げるとする見方は現在も変わっていない。ところで，「フランスらしさ」や「ヨーロッパらしさ」とは果たして何を意味するのであろうか。また，イスラームがヨーロッパ社会に与えるのは，不安や脅威ばかりなのであろうか。本章ではこれらの点を考えるために，ヨーロッパ諸国（フランス，ドイツ，オランダ，イギリス）の世論から見ていく。続いて，ムスリムが置かれた状況，そして最後に，政治とイスラームの関係性を取り上げて考察を深める。ただし，国家制度や歴史的背景を異にする4ヵ国を同列に並べて論じることはできないので，4ヵ国のうち最も多くのムスリム人口を抱えるフランスに特に焦点をあてて見ていくことにする。これらの考察から，ムスリムがその宗教的アイデンティティを保持したまま「フランス人」や「ヨーロッパ市民」として受容されるための方策を探るとともに，イスラームやムスリムの存在がヨーロッパ社会にどのような影響を与えうるのか明らかにしたい。

2　世論とイスラーム

2-1　ヨーロッパのムスリム人口の増加

　2010年上半期，ヨーロッパ諸国（EU加盟28ヵ国[4]とノルウェー，スイス）に1,950万人と見積もられたムスリム人口は2016年上半期には2,580万人となり，その割合は3.8％から4.9％へと約1％増加した。改宗によるよりも，旧植民地諸国などからの移民の流入がその大きな要因である。2010年上半期から2016年上半期の間に，約25万人のムスリムがヨーロッパを去る一方，250万人のムスリムが正規移民[5]（非ムスリムを加えた全体は540万），そして130万人のムスリムが難民（同，160万）として流入した。正規移民と難民の合計700万人のうち約53％がムスリムであったことになる。該当期間において，ムスリム正規移民・難民の出身国の首位がシリアであるが，とりわけ2014年以降，シリア，アフガニスタン，イラクでの紛争の継続や激化によりこれら3ヵ国からのムスリム難民が増加している。ムスリム難民の最大受入国はドイツ，ムスリム正規移民の最大受入国はイギリスである。ドイツはムスリム難民とムスリム正規移民の総計からも最大受入国となっており，EU域外から27万人のムスリム正規移民（ドイツが受け入れた全68万人の正規移民の40％）と58万人のムスリム難民（同，67万人の難民の86％），合わせて85万人のムスリム（全135万人）を受け入れている（図表4-1，4-2）。

　ヨーロッパにおけるムスリム人口の増加は，上記に確認した移民と難民の流入に加えて，ヨーロッパのムスリム人口の50％が30歳未満と若く（非ムスリムのうち同年齢は32％），ムスリム女性の合計特殊出生率[6]（2.6）が非ムスリム女性（1.6）より高いことによって後押しされている。諸国のうち最も多くのムスリムが居住しているのはフランスである。国内人口に占めるムスリム人口の割合は，トルコ系住民が暮らすキプロス（25.4％）と約500年間オスマン朝トルコの支配下にあったブルガリア（11.1％）に次いで多い。2016年時点のムスリム人口は，フランスに約572万人（フランス総人口の8.8％），ドイツに約495万人（6.1％），イギリスに約413万人（6.3％），オランダに約121万人（7.1％）と推定さ

れる[7]。

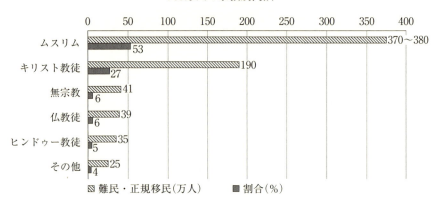

図表4-1　2010年上半期—2016年上半期　ヨーロッパの難民・正規移民700万人の宗教別内訳

　ムスリムなどの移民たちを自国の社会に統合するために，イギリスとオランダは長らく「多文化主義モデル」を，フランスは「同化モデル」を採択してきた国として知られる。ムスリム人口がフランスに次いで多いドイツは，2004年に移民制御法（移民法）を制定したが，「移民国家」としての方向性を打ち出してからの歴史は長くない。
　イギリスでは9・11以後もムスリムやイスラームに対する敵意はさほど増加することなく，インデペンデント紙（*The Independent*）はムスリムの被害者を表紙に掲載，またBBCワールドサービスは「過激派」や「テロリスト」をムスリムやイスラームと安易に結び付けないよう配慮した。2005年のロンドン同時爆破事件の1ヵ月後に実施された調査では，「多文化主義はイギリスを住むのにより良い場所にする」として回答者の過半数（62%）が依然としてこれを肯定している（EUMC調査）[8]。しかし，多文化主義の「死」もときおり語られ，ムスリムと非ムスリムの互いに対する否定的印象を強化し，分離を引き起こしているとして，多文化主義に否定的な声もある[9]。
　1980年代初頭に積極的差別是正措置（アファーマティブ・アクション）を始めたオランダでは，イスラームの組織化や軍隊，刑務所でのハラル食品の提供などを容認し，政教分離が進められた後も，地方団体によるモスク建設の支援が

図表4-2　2010年上半期—2016年上半期　ヨーロッパの難民・正規移民700万人の出身国と受入国

出身国（上位10ヵ国）

難民の出身国	難民の人数	ムスリムの割合（%）	ムスリムの人数(1)	正規移民の出身国	正規移民の人数	ムスリムの割合	ムスリムの人数(2)	ムスリム難民・正規移民の出身国	ムスリムの人数(1)+(2)
シリア	670,000	91	610,000	インド	470,000	15	70,000	シリア	650,000
アフガニスタン	180,000	100	180,000	モロッコ	360,000	100	360,000	モロッコ	370,000
イラク	150,000	92	140,000	パキスタン	250,000	96	240,000	パキスタン	270,000
エリトリア	120,000	37	50,000	アメリカ	240,000	1	2,400	バングラデシュ	230,000
ソマリア	60,000	100	60,000	バングラデシュ	240,000	96	230,000	イラン	220,000
イラン	50,000	96	50,000	中国	230,000	2	4,600	アフガニスタン	180,000
パキスタン	30,000	96	30,000	スリランカ	180,000	10	18,000	リビア	180,000
ナイジェリア	20,000	44	10,000	リビア	180,000	97	170,000	ヨルダン	150,000
ロシア	20,000	8	1,600	イラン	170,000	98	170,000	イラク	140,000
スーダン	20,000	91	*10,000	ナイジェリア	170,000	20	34,000	アルジェリア	140,000

受入国（上位10ヵ国）

難民の受入国	難民の人数	ムスリムの割合	ムスリムの人数(3)	正規移民の受入国	正規移民の人数	ムスリムの割合	ムスリムの人数(4)	ムスリム難民・正規移民の受入国	ムスリムの人数(3)+(4)
ドイツ	670,000	86	580,000	イギリス	1,540,000	42	650,000	ドイツ	850,000
スウェーデン	200,000	77	160,000	フランス	710,000	68	480,000	イギリス	690,000
イタリア	130,000	72	100,000	ドイツ	680,000	40	270,000	フランス	530,000
オーストリア	110,000	72	80,000	イタリア	590,000	53	310,000	イタリア	*400,000
フランス	80,000	60	50,000	スウェーデン	250,000	58	140,000	スウェーデン	300,000
スイス	70,000	75	*40,000	オランダ	240,000	51	120,000	オランダ	170,000
オランダ	70,000	54	*50,000	スイス	210,000	26	60,000	ベルギー	130,000
イギリス	60,000	72	40,000	スペイン	200,000	37	70,000	オーストリア	110,000
ベルギー	50,000	81	40,000	ベルギー	170,000	50	90,000	スイス	*90,000
ノルウェー	40,000	73	30,000	ノルウェー	150,000	40	60,000	ノルウェー	90,000

(注) 1　ドイツなどはEU諸国からも多くの難民・移民を受け入れているが，表の数値はEU域外からの難民・移民のみを示している。
　　 2　概算の数値を引用して筆者作成のため，「ムスリムの人数」は「ムスリムの割合」から算出される数値と隔たりのある個所＊がある。
　　 3　同様に，ムスリムの総計(3)+(4)から算出される数値と出所で示される数値に隔たりのある個所＊がある。
(出所)　Pew調査　2017年11月29日。

なされた。その一方で，90年代半ばからオランダ語やオランダ文化の習得を強く奨励するようになり，移民に市民統合教育を受ける義務を課している（1998年法）。2000年頃からはエスニックよりも個々を対象とした統合政策に移行し，2007年から語学力と市民として必要な知識の有無を問う試験を課して移民の選

抜も進めている。また，2004年にファン・ゴッホ監督を暗殺した犯人が自国育ちのモロッコ系ムスリムのオランダ人であったことは，多文化主義の失敗の証左として議論されてきた。暗殺事件後には，9・11事件後を上回る数の人種差別による暴力事件がオランダ国内で発生しており，ムスリムやモスクが多大な被害を受けた[10]。ここには多文化主義の明らかな後退を見て取ることができる。

フランスではオランダに倣った市民化プログラムが導入された。また，植民地支配の歴史を想起させる「同化」という用語は，80年代半ばから政界で「統合」に置き換えられ，2013年頃から「包摂」(inclusion)という用語も移民と受け入れ社会の相関関係を重視する立場から盛んに使われている。「フランスモデルの終わり」を説くトリバラ（Tribalat 2017, p.250）は，「同化モデル」が機能する基盤は「フランス社会の自信」と「渡来者によるフランス社会の文化的影響力の正当性の容認」にあり，2つの世界大戦と苦難を伴った脱植民地化によってこれらが弱まったとみる。さらに，多文化主義を拒絶するまれなヨーロッパ諸国の1つであったフランスでも北米の多文化主義モデルを政府高官らが支持し，積極的差別是正措置を導入するなどこれに追従する動きが見られる。

したがって諸国を安易に定型化して捉えることはできない。また，多文化主義の争点は，これまで黒人，カリブ，北アフリカといったエスニック・アイデンティティや地理的出自であったものが，イスラームやムスリムという宗教的アイデンティティに変わりつつある[11]。それを念頭に置いたうえで，伝統的なキリスト教国家であるヨーロッパの上記4ヵ国で2011年4月に実施された標本調査の結果を見ていく（IFOP 2012年2月16日[12]）。

2-2　ヨーロッパ4ヵ国（フランス，ドイツ，オランダ，イギリス）の世論

調査結果によれば，「自国のムスリム共同体の存在をどう思うか」という質問に対して，フランスで「どちらかと言えば，国家アイデンティティに対する脅威となる」42%に対して「どちらかと言えば，国家の文化的豊かさの一要素となる」22%，ドイツで40%対24%，オランダで44%対19%，イギリスでは47%対19%であった。このように，4ヵ国において自国のムスリム共同体が「国家の文化的豊かさの一要素となる」よりも「国家アイデンティティに対する脅威となる」と考える人々が圧倒的に多い。すなわちムスリム共同体の存在

を肯定するよりも否定する者が多数派である。

　だが同時に見落としてはならないことは,「どちらとも言えない」との回答が4ヵ国ともに決して少なくないことである（フランス36%, ドイツ36%, オランダ37%, イギリス34%）。このことは, 仕事や購買といった日々の生活における優先課題があるなか, ヨーロッパ市民においてイスラームやムスリムの問題に対する関心度は, 決して高くないことを示してもいる。本章で主題に据えたイスラームは, イスラーム過激派による攻撃や移民統合に関わる問題提起などを受けることで憂慮すべき事案となるのである。たとえば2017年のフランス大統領選前に実施された世論調査から, 人々が重視したのは順に, 失業対策（27%）, テロ対策（19%）, 税率（11%）, 移民問題（9%）, フランスのライシテ（政教分離／非宗教性）[13]とイスラームの問題（9%）, 公教育（6%）, 環境保護（6%）, 欧州連合（EU）（6%）, 犯罪対策（5%）, その他（2%）であったことが確認できる（IFOP 2016年10月13日[14]）。なお, 選択肢に設けられた「欧州連合」の数値は,「公教育」や「犯罪対策」といった国内問題に並ぶ。2016年6月23日にイギリスで国民投票が実施されて同国の欧州連合からの離脱が決定しており, それがフランスの世論に少なからず影響を及ぼした結果と考えられる。

　ヨーロッパ4ヵ国の人々はまた一様に, ムスリムの統合の失敗を感じている。「ムスリム（系）の人々は社会によく統合されていると思うか」という質問に対して, 回答者の3分の2以上が否定的である（「全く統合されていない」,「どちらかと言えば統合されていない」という2つの選択肢の合計がフランスは68%, ドイツ75%, オランダ77%, イギリス65%となっている）。ただし,「ムスリム（系）」という言葉から回答者が想起する人々は, 国によっても大きく異なると考えられる。フランスではマグレブ出自のムスリム系移民の統合が問題にされることが多いのに対して, ドイツでは政治家たちがムスリム系トルコ人の統合の困難に度々言及し, オランダではモロッコ人, イギリスではパキスタン人について語られることが多いからである。

　図表4-3において確認できるのは, 4ヵ国ともにムスリムがヨーロッパ社会に統合されにくい理由の第1に「彼らの拒絶」を挙げ, 原因をムスリム側に帰していることである。選択肢のうちには, ムスリムが置かれた経済状況を理由とする「経済的困窮や無職であること」, ヨーロッパの受け入れ国側の人々

と制度の対応を理由とする「人種差別や開放性の欠如があること」、「公権力による対策と予算が不十分であること」という項目があるが、「彼らの拒絶」はこれらを大きく上回る。第2に、イギリスでは「ムスリム系の人々が特定の地域や学校に集中」していること、その他3ヵ国においては、「文化的差異が大きすぎること」が挙げられる。

イギリスの首都ロンドンの2地区、ニューアム（Newham）（32%）と タワーハムレッツ（Tower Hamlets）（35%）にはとりわけ多くのムスリムが居住している（イギリス統計局 ONS, 2011年調査）。しかし、フランスのパリ郊外セーヌ・サン・ドニ（Seine-Saint-Denis）においても、居住者のおよそ3人に1人（33%）がムスリムである（Teo調査、2008年）。このように、イギリスのみならずヨーロッパ諸国のとりわけ首都にはムスリムの集住地域があり可視化が進んでいる。したがって、各国のムスリムの状況がそのまま世論に反映されているわけではないことに注意したい。

図表4-3 ヨーロッパの人々のイスラームの見方①（2011年4月実施）

（単位：%）

「ムスリム（系）の人々が社会にうまく統合されない2つの理由はどれか」	フランス	ドイツ	オランダ	イギリス
社会統合に対する彼らの拒絶	61	67	61	64
文化的差異が大きすぎること	40	34	47	39
ムスリム系の人々が特定の地域や学校に集中	37	32	34	58
自国民に人種差別や開放性の欠如があること	18	15	11	14
経済的困窮や無職であること	20	10	6	6
公権力による対策と予算が不十分であること	2	5	2	2

（出所）IFOP 2012年2月16日（筆者強調、他同様）。

ヨーロッパ諸国において、イスラームの可視化や影響力の増大を意識する人々は少なくないが、伝統的なキリスト教社会にあって、イスラームの異質性を象徴するものの1つと見られているのがモスク（イスラーム礼拝施設）である。モスク建設についての世論は4ヵ国で多少の違いが見られる。**図表4-4**に示されるように、モスク建設に対する「反対」は、ドイツとオランダにおいて半数近くを占めるのに対して、フランスとイギリスはそれより少ない。しかしな

がら、その分が「賛成」に投じているわけではなく、後者2国においては「無関心」が多い。

　他方、政界におけるイスラームの存在についての世論は、**図表4-5**に確認できる。ここでは「賛成」が「反対ではない」という消極的なものに、また「無関心」は「分からない」という選択肢に代わっていることに一定の注意が必要であるが、イスラーム政党などの存在にフランスでは圧倒的多数の人々が「反対」しているのに対して、モスク建設に対して否定的な意見が多かったドイツとオランダでは、逆に「反対ではない」がやや増加する。転じて、「ムスリム系市長の選出」については、数値の幅はあるもののフランス、イギリスも含め4ヵ国ともに「反対ではない」が多数派となっている。イスラーム政党に

図表4-4　ヨーロッパの人々のイスラームの見方②（2011年4月実施）

（単位：％）

「自国にモスクを建設することをどう思うか」	フランス	ドイツ	オランダ	イギリス
反対	39	50	51	38
賛成	20	18	13	14
無関心	34	25	27	39
無回答	7	7	9	9

（出所）　IFOP 2012年2月16日。

図表4-5　ヨーロッパの人々のイスラームの見方③（2011年4月実施）

（単位：％）

「イスラーム政党や組合の存在をどう思うか」	フランス	ドイツ	オランダ	イギリス
反対	74	32	41	43
反対ではない	14	44	41	30
分からない	12	24	18	27
「居住地区でのムスリム系市長の選出をどう思うか」	フランス	ドイツ	オランダ	イギリス
反対	33	29	39	35
反対ではない	52	49	43	44
分からない	15	22	18	21

（出所）　IFOP 2012年2月16日。

ついては反対者の多いフランスにおいて，ムスリム系の市長となると，「賛成」とまで言えるかどうかは選択肢が用意されていないため把握できないが，他の3ヵ国よりも「反対ではない」が多いことは注目に値する。その理由については，次項で考えていきたい。

2-3　フランスの世論

本項では，フランスに焦点をあてて調査結果を時系列的に見ていく。また「全体」とは別に，回答者の属性，特に宗教にも着目する。参考のためにドイツのデータを一部掲げている。

まず「ムスリム共同体の存在」について，2011年実施の調査からヨーロッパ4ヵ国において「国家の文化的豊かさの一要素となる」よりも「国家アイデンティティに対する脅威となる」と考える回答者がはるかに多いことを先に確認した。フランスでは2012年以降も，「脅威となる」（2012年10月に43％，2015年7月に44％，2016年4月に47％）は，「どちらとも言えない」（2012年に40％，2015年に37％，2016年に34％）を上回るだけではなく，「豊かさ」（2012年に17％，2015年に19％，2016年に19％）よりも一貫して高い値となっている。

モスク建設に関しては，**図表4-6**にみるように，1989年と1994年は「反対」と「賛成」に大差がなく，2001年には「賛成」が「反対」を上回るものの，2009年から2012年までは継続して「反対」が40％前後，そして2016年にはいよいよ過半数（52％）となった。人々はメディアを通じて，在仏アメリカ大使

図表4-6　「フランスにモスクを建設することをどう思うか」

（単位：％）　（参考）ドイツ

	1989年	1994年	2001年9月	2009年12月	2010年12月	2012年10月	2016年4月	2010年12月	2016年4月
反対	38	31	22	41	39	43	52	50	49
賛成	33	30	31	19	20	18	13	18	15
無関心	26	37	46	36	34	34	27	25	29
無回答	3	2	1	4	7	5	8	7	7
合計	100	100	100	100	100	100	100	100	100

（出所）　IFOP 2016年4月29日，IFOP 2009年12月3日。

館の爆弾テロを企てたテロ組織メンバーがアフガニスタンのキャンプでの聖戦士訓練に参加前，パリ郊外のモスクに通っていたことなどを知る。フランス政府は，過激な思想を伝える者を国外追放するなどして対処しているが，モスクを悪の温床と見なすようになる人々も少なからずいるだろう。テロリストはモスクよりも刑務所，インターネット，大学のキャンパスなどでそのネットワークを広げているが，その可視性ゆえにモスクは人々の否定的なまなざしの対象となりやすい。

続く**図表4-7**は，「イスラーム政党や組合の存在」と「居住地区でのムスリム系市長の選出」をどう思うか，という質問に対する三項選択回答（「反対」，「反対ではない」，「分からない」）から「反対」を抜粋して掲げたものである。他国に比べてフランスに「イスラーム政党や組合の存在」への「反対」が著しく多いことはすでに確認したが，1989年から2016年まで「反対」は常に過半数を上回ることがここで新たに分かる。それに比して，「ムスリム系市長の選出」については，2003年から「反対」が過半数を下回る。1989年と比較すると，28ポイント減にもなる。フランスでは，2000年初頭から「重層的なフランス」を表象する議員の増加を目指して，政治家たちが「可視的なマイノリティ」について口にし始めた[15]。1989年，1994年ともに過半数を超えた「反対」が2003年になって大幅に減少した一因は，彼らの言説に人々が同調したことにあるかもしれない。

図表4-7　「イスラーム政党の存在とムスリム系市長の選出に「反対」」

（単位：％）　　（参考）ドイツ

	1989年	1994年	2003年4月	2010年12月	2012年10月	2016年4月	2010年12月	2016年4月
「イスラーム政党や組合の存在」に「反対」	68	70	52	74	68	77	32	32
「居住地区でのムスリム系市長の選出」に「反対」	63	55	35	33	45	44	29	27

（出所）　IFOP 2016年4月29日。

では，フランスにおいて，「イスラーム政党や組合の存在」に対する「反対」が1989年から2016年まで常に「ムスリム系市長の選出」に対する「反対」を上回っていることはどのように説明できるか。言い換えれば，イスラーム政党や組合は受け入れられ難いのに対して，ムスリム系市長はそれよりも受け入れられやすいのはなぜか。ここには極めてフランス的な理念が反映されている。単一不可分の共和国であることを第一に掲げるフランスにおいて，国家の分化につながるものと考えられる「共同体主義」を想起させるため，イスラーム政党や組合は容認されにくい。一方，市長は共同体ではなく個人であり，ムスリムである前にフランス国民として受容されるのである。

　反対者が増える傾向にある「モスク建設」（**図表4-6**）であるが，依然として「イスラーム政党」（**図表4-7**）より反対が少ない理由も，フランスの重要な理念の１つであるライシテ原則に従って説明できる。諸宗教に対する国家の中立性を謳うものとしてライシテを尊重する人々は，キリスト教徒が教会を持つようにムスリムがモスクを持つことに反対するべきではないと考えるのである。回答者の属性を宗教の観点からみたものが**図表4-8**であるが，2012年調査においてモスク建設に「反対」は，全体（43％）よりも「実践的カトリック教徒」（40％）において少ないことがそれを裏付ける。2012年，2016年調査ともに，「実践的カトリック教徒」の「反対」は，「非実践的カトリック教徒」より下回ることも象徴的である。ところが2016年には，彼らの「反対」が15ポイ

図表4-8 「フランスにモスクを建設することに「反対」」

「フランスにモスクを建設することをどう思うか」―「反対」	2012年10月	2016年4月	増減
【全体】	43	52	＋9
【宗教】			
実践的カトリック教徒	40	55	＋15
非実践的カトリック教徒	49	60	＋11
その他の宗教	42	29	－13
無宗教	37	46	＋9

（注）「その他の宗教」にムスリム，プロテスタントが含まれる。
（出所）IFOP 2016年4月29日，IFOP 2012年10月25日。

ント増加したことで，全体の「反対」も9ポイント増加した。2016年4月に実施の調査結果には反映されていないが，同年7月にはノルマンディーの教会でミサの最中であったところにイスラーム過激派が押し入り，神父が喉を掻き切って殺害される痛ましい事件が発生した。教会と神父が攻撃対象となったことで，これ以降ムスリムに対する否定的な見方を一層強めた者がとりわけカトリック教徒のなかに少なくないに違いない。

　2015年にはパリ大モスク代表のダリル・ブバクール（Dalil Boubakeur）が，使用していない教会をムスリムが代わってモスクとして使用することを提言した[16]。彼の提案には，回答者の67%が「反対」（「どちらかと言えば反対20%」，「絶対反対47%」の合計）を表明した（IFOP 2015年7月8日）[17]。2015年のデータはなく正確な比較はできないものの，**図表4-6**にある「フランスにモスクを建設すること」に対する「反対」（1989年から2016年までに22%~52%の間で推移）を大きく上回った一因は，回答に「無関心」の選択肢を設けずに「反対」か「賛成」の二者択一となっていたことにもある。しかしそれ以上に，キリスト教のシンボルたる教会をイスラームのシンボルたるモスクに代えることと，キリスト教を直接的には想起させることのない土地にモスクを新たに建設すること，これら両者が引き起こす感情の相違に起因するに違いない。その発言は，教会の大半が数十年のうちにモスクに代わるのではないかという人々の不安を煽ったが，フランスに現存するモスクが約2,500，そして建設中のものが約300あるのに対して，教会は政教分離法（1905年）の施行前に建てられたものだけで約45,000ある[18]。

3　在仏ムスリムの状況

3-1　ムスリム・アイデンティティの前景化

　1970年代，フランスに在住するムスリム移民がムスリムとしてのアイデンティティを積極的に表明することはなかった。続く80年代初頭もブールの行進（1983年）[19]に見るように，郊外を出たブールの若者は差異の権利を主張するよりフランス社会への統合を求めることが多く，イスラームに言及することはな

かった。むしろ，肌の色の違いから差別を被ることに対して反人種差別を掲げ，共同体主義を拒絶した。

　この運動を機に翌年1984年に設立された反人種差別組織，SOSラシスムの公式サイト[20]には次のようにあった。「この連合は以下の価値観を固く守り続けている。すなわち，異種交配した共和国（République métissée）の構築に重きを置き，極右には背を向けるが，同時に人種差別反対闘争の「共同体主義者」という概念とも決別する。我々にとって人種差別反対主義は，ある住民からある住民を守ろうというものであったことは一度もなく（略），個々人の出自，信仰，文化的実践を問わず，社会のなかで平等な尊厳をもって生きられるようにすることを常に目指すものであった。我々の闘争全体をいつも方向づけていたのは友愛と平等というこの計画である。それは外国人の統合や，多様で重層的であることを誇るフランスといった概念（略）を目指すものである」。

　フランス政府が1980年から1990年の間に重視していたのも「混交」である。90年代にはイスラーム過激派によるテロ活動が頻発したが，イスラームの進展は矛盾したもので，ムスリムの80％は宗儀の実践を私空間に限る世俗的イスラームを実践した。そのなか西洋文化との対立論理を強いようとしたのは，少数のイスラーム過激派に限られる。ところが2000年以降，マグレブ出自の子どもたちの多くはまずムスリムと自己定義し，宗教的アイデンティティを表明し始めた。たとえば，パリ19区に位置するアンリ・ベルグソン（Henri-Bergson）高等学校では当時1500人の在籍生徒の15％を33の異なる外国籍所有者が占めたが，人種や信仰の違いから生徒が仲間割れすることはなかった。しかし，2002年になって数人の女子生徒が突然スカーフを着用して登校するようになるなど，ムスリムによる宗教的帰属の表明が目立つようになった[21]。

　ムスリム系家庭出自の人々を対象とした世論調査によれば，彼らのうち「イスラーム教信者」であるにとどまる割合と「イスラーム教信者で宗儀を実践する」割合はそれぞれ1989年に38%/37%，1994年に42%/27%，2001年に42%/36%，2007年に38%/33%，そして2011年には後者が前者を上回り，34%/41%へと推移している。また，2011年時点で，ムスリム系家庭出自の人々の宗教実践（先述のように41%）はカトリック系（16%）よりも活発である。逆に，「宗儀を実践していない」カトリック教徒（57%）は，ムスリム（34%）より多い。

調査対象者の自己申告による「実践的イスラーム教徒」と「非実践的イスラーム教徒」の大きな差異は，日々の礼拝の実施と定期的にモスクに行く割合の違いに見て取れる。ただし，「金曜日に習慣的にモスクに行く」のは2011年の調査対象者全体の25%に過ぎず，「実践的イスラーム教徒」（同，41%）のなかにもこれを実施していない者が少なくないことが分かる。「メッカに行ったことがある」イスラーム教徒はさらに少数派にとどまる一方，「ラマダンの間に断食を続けた」71%，「アルコールを飲まない」67%，という者は「実践的イスラーム教徒」だけではなく「非実践的イスラーム教徒」にも及ぶ（IFOP 2011年7月[22]）。これまで私的空間にとどまっていた行為が公的空間に表出するようになってムスリムによる宗教実践の可視化が進んだといっても，ムスリムとしての生き方と彼らの宗教実践は多様であり，コーランの読み方にしても極めて個人的であり続けている[23]。

3-2　ムスリムに対する無理解

ムスリムというアイデンティティの肯定は，西洋社会への拒否反応を示すもののように見られがちであるが，「フランス人であると同時にムスリムである」というアイデンティティを表明するムスリムが多数派である。「自らをいずれであると思うか」という質問に対して，「フランス人であると同時にムスリムである」（60%），「第一にムスリムである」（22%），「第一にフランス人である」（14%），無回答（4%）という回答結果がそれを示している（CSA調査2008年7月[24]）。それにもかかわらず，彼らの多くがフランス社会でそのアイデンティティを表明することに敵意を感じるような状況におかれている[25]。フランスでジル・ケペルと並んでイスラーム研究者として著名な政治学者オリヴィエ・ロワ（Roy 2005, pp.58,59）の言葉を借りれば，ムスリムは人口増加が続くゆえに脅威になるというだけではなく，郊外・地域と世界という両端に存在して，国家アイデンティティを断ち切ると同時に，フランス社会を根本から変えるものと見なされる。

イスラームの特殊性を強調したい人々は，キリスト教はライシテ原則を受け入れていると主張するが，教会による共和国とライシテの承認は政治的なものであって，神学的なものではなかった。現に，教会は中絶の法制化を一度も認

めておらず，ライシテはこの意味で，共通の価値観とはなっていないが，教会は法に違反する不正行為や暴力的な形のものは放棄している。言い換えれば，共和国は教会に中絶は犯罪ではないと宣言するよう求めないが，中絶を行うクリニックへの攻撃を誘うような行為は慎むよう要望するのみである。すなわち法律や公的秩序は尊重してもらうが，信者に法律を採択させはしない[26]。同じことをムスリム組織に求めるべきであるが，人々は絶えず，イスラーム法（シャリーア）を問題にしている。同様に，次のような議論はイスラーム過激派の活動によって強化されている誤った見方である。第1に，イスラームには宗教と国家の区別がないということ。第2に，シャリーアは，人権や女性の権利の擁護，民主主義とは相容れないということ。第3点目として，信者は信仰共同体（ウンマ）に一体化するのみで，市民としての政治的社会は無視するという見方である[27]。イスラーム法とされる「シャリーア」のアラビア語の原語は「水場への道」，すなわち砂漠のなかで生命の源となる水飲み場に通じる主要道路を指す。それが比喩的に使われて，シャリーアは神が人間のために開いた道，人間が人間として歩むべき正しい道を意味するものとなっている。このようにイスラーム法は人間をその社会性において道徳的に規制する社会生活の規範体系である[28]。

　国民の多くが国家アイデンティティの根幹を成すとみなすライシテ原則を，ムスリム系の国民もまた支持していることをもっと強調してしかるべきであろう。実に，「宗教と国家の分離原則を意味するライシテ」をムスリムの回答者の75％が支持する。また，イスラーム法を「非ムスリム国家では適用する必要はない」（38％）と考えるムスリムの割合は，「完全に適用すべき」（17％）を大きく上回っている[29]。

4　政治とイスラーム

4-1　政治利用されるイスラーム

　2017年の大統領選挙を前に，候補者たちが言論合戦を展開するなかで実施された調査は，在仏ムスリムの多くが「政治家たちはイスラームについてあまり

にも多く話し」(80%)，「イスラームに関わる議論はムスリムにスティグマの感情を創出させる危険がある」(90%)と考えていることを明らかにした (IFOP 2016年10月)。

　実際にイスラームはとりわけ選挙戦の折に政治的道具と化す。当時，フランスの保守・中道右派政党，国民運動連合（UMP，2015年より共和党 Les Républicains に改称）総裁であったニコラ・サルコジ（Nicolas Sarkozy, 2007年5月から2012年5月まで大統領在任）は，フランスの国家アイデンティティの尊重と維持を誓った公約ゆえに2007年に大統領に選出された。旧植民地出身の移民の若者を中心にパリ郊外で発生し全国に広がった2005年の「暴動」を契機に，移民統合の失敗とともに国家アイデンティティについての議論が盛んになされていたことがその背景にはある。その後，支持率が下落するなか2012年の大統領選挙に向けて極右の票集めをもくろみ，極右が従来からテーマとしてきた「非安全」(insécurité) を連呼した。結果として，サルコジは決選投票にて社会党のフランソワ・オランドに敗れて大統領を退任するが，彼はムスリム移民やその子供たちが愛国心に欠くことや，フランス社会に同化しようとしないことを強調した。

　イスラーム問題に関する政治家たちの言論を追うと興味深い現象が見られるが，それは左派と右派の境界の曖昧化である。1989年の「スカーフ問題」発生時，ジョスパン教育大臣はムスリムの女子生徒を退学させた学長を非難したが，この問題に対する見解は左派内部でも割れていた。そして，2004年公布の「スカーフ禁止法」は，左派と右派の違いを越えて広く支持された。ヨーロッパ憲章の承認をめぐる議論にみるように，左派が多様性の容認に進むのを右派が妨げていたものだが，今日，左派と右派ともに共和主義の精神が台頭して，少数派や多様性に閉鎖的な態度が高まったことで両者の溝が消失した。さらに，左派の多く，あるいは戦闘的なライシテ支持派は，社会の機能不全の責任をイスラームに帰し，郊外や移民統合の問題をイスラームという宗教と結びつける。たとえば若者が校内でアイデンティティ表明のために特殊な服装（スカーフなど）を着用する，ハラル食品を求めるなどすれば，それらの過ちはイスラームにあるとされる。そして，脱イスラーム化や世俗的ムスリムであることを要請する[30]。

フランスは人種と民族に関わる統計収集を禁じているため，ムスリムの正確な人数を知ることは不可能である。それに乗じて，ムスリム人口の過大評価が度々なされてきた。ムスリム人口を多く提示することで，極右などはイスラーム過激派の台頭やムスリムの商業資本への侵入を問題にすることができる。ムスリム連合やイスラーム過激派もまた，それが政策決定を左右する議論へとつながり利益や譲歩が得られることを期待する[31]。

世界的なイスラームの伸長を危惧するフランス政府は，イスラームの動向の管理にも余念がない。フランス全国のムスリム組織を代表する機関として，サルコジ（当時，内務大臣）のもと2003年に設立されたフランス・イスラーム評議会 CFCM（Conseil Français du Culte Musulman）がある。穏健派イスラームを代表しているという口実のもと，パリ大モスク代表のダリル・ブバクールを組織代表に据えた。代表選出において，サルコジは当初，外国の影響力を排して大臣による選出を望んでいたが，ムスリム側の反発にあって結局アルジェリア，モロッコなどの外国政府の介入を受け入れる格好となった。イスラームはここでフランスとこれら外国諸国との関係構築のための政治的道具として利用されている[32]。

他方，エリートと人民の乖離が顕著で，CFCM に対して多くの人々は無関心な態度を示している。2008年7月実施の CSA 調査によれば，「CFCM が自分を代表していると感じるか」という質問に，これを肯定するムスリムは過半数に満たない（「強く感じる」47％，「あまり感じない」34％，「それが何か正確には分からない」14％，「無回答」5％）。したがって，ムスリム組織代表として創設された機関は，ムスリムの人々を代表してはいない。

4-2　モスク建設への政治的介入

モスクの建設計画もまた，政治に左右されてきた。それを示唆する事例となろうが，リヨンで1994年から95年にかけて大モスクが建設された際，モスク建設に主に反対したのは，イスラームに脅威を抱く人々ではなく，「イスラームによる植民地化の危険に対する積極的な抵抗」を求める右翼過激派の国民戦線の温床となることを危惧する人々であった[33]。

ムスリムの多くはモスクや礼拝所の建設地を探すのに非常な苦労を強いられ，

フォアグラ工場跡地に礼拝所を設置するなどしてきた。ところが近年，ムスリムによるモスク建設の要求の高まりと，1990年代以降，地方議員がその建設に損失より利益の大きいことを見出して，建設計画を支持するようになったこととが相まって，モスクの増設が進んでいる。政治的介入のあり方がモスクの建設計画を妨害あるいは逆に推進させる大きな要因の一つとなることを示す例をそれぞれマルセイユ（Marseille）とクレテイユ（Créteil）の大モスク建設プロセスに見ておこう。

① マルセイユの大モスク建設の中止

　住民の4分の1に相当する約20万人のムスリムがいるといわれるマルセイユでは，金曜日になると不法に道路で祈りを捧げる信者が大勢集まるなど，20年以上前から大モスクの建設が待たれるなか，建設計画が紆余曲折を経ながら進められてきた。2006年7月17日，これまで躊躇していた議員たちが，15区にある旧屠殺場をマルセイユのモスク連合に99年間貸出すことを決める。ところが，モスク建設に向けた市議会の決定に対して，2007年4月，極右政党の国民戦線（FN），共和国運動（MNR），フランス運動（MPF）が訴訟をおこす。その根拠とされたのは，予算案の提示が不十分であること，国家がいかなる宗教に対しても補助金を交付することを禁止する政教分離法（1905年）[34]に反して文化的施設と偽装したうえで公的助成が行われようとしていること，年間の土地貸借契約料が市場価格に比して極めて安価であることである。行政裁判所は，これらの理由をもって違法な助成と判断し，「権力の乱用」として上記の決定を取り消した。そこで，同年7月，市の土地と建物の使用料を大幅に値上げしたうえで，期間は50年に短縮して貸出し契約を交わすこととした。こうして2009年時点では2011年に大モスクが完成予定であった。しかし，2013年以降から資金難に加えてマルセイユ市長側とモスク連合の間の対立が生じて建設計画は進められておらず，2016年には土地の賃貸借契約の取り消しがなされた。そのためマルセイユの大モスク建設は実現していない[35]。

② クレテイユの大モスク建設の実現

　2008年12月，パリ南東部に位置するクレテイユに開設された大モスクは，通

常，立案から建設まで10年以上かかることが多いなか，5年で建設が実現した特例といえる。その要因は，他の多くのモスクが資金不足や訴訟によって計画の延期を余儀なくされているのに対して，社会党市長が建設の実現のために積極的に介入し，資金問題の解決や複数のムスリム共同体の統括において決定的な役割を果たしたことにある。建設に至る過程で，市長は単なるモスクではなく，会議場やレストラン，図書館や本屋などの文化的施設も備えた複合施設とするよう働きかけた。そこには，多くの市長が試みているのと同様，礼拝所に文化的要素を加えて住民の皆が利用できる施設とすることで，前述の政教分離法（1905年）に抵触せずに公的援助を可能にする意図がある。実際に，450万ユーロ（税抜き）の建設費用のうち，「宗教的な部分」はもっぱら国内のムスリムが負担し（180万ユーロ），「文化活動に関わるもの」については，市が備品援助という形で100万ユーロ，県とともに150万ユーロを債務保証として資金援助した[36]。

　礼拝所の増設という量的側面からみてムスリムに対する寛大な措置が広がったとみるのは早計に過ぎる。建設中のモスクの多くは依然として経済的問題を抱えている。そのため，モロッコ，サウジアラビアやクウェートなどの外国諸国の資金援助を頼りにしており，小規模な礼拝所では信者の寄付が第1の資金源となっている。フランス・イスラーム組織連合（UOIF：Union des Organisations Islamiques de France，2017年にフランスのムスリム Musulmans de France に改称）の（当時）事務局長[37]タミ・ブレーズ（Lhaj Thami Breze）によれば，UOIF はフランスの大都市に35のモスクを所有する一方，年間9万枚の祈祷用カレンダーを販売したり，石油大国向けにほぼ独占的にハラル肉を販売したりするなどして，予算の3分の2は自分たちで資金調達しながら，残りは湾岸諸国の支援者に負った[38]。外国の資金に頼ることは，時にワッハーブ主義者[39]によるきわめて厳格なイスラームのフランスへの流入を招く危険性を伴う。それを食い止めると同時に，資金の透明性を高めるために公的援助を行うのか，あるいは援助には躊躇したままでいるのか，行政の姿勢が問われているといえる。

5　おわりに

　2017年は本章で取り上げたフランス，イギリス，ドイツ，オランダなどのヨーロッパ主要国で国政選挙が行われた。いずれの国でも移民問題が争点となり，イスラームの脅威に駆られた人々に推されるかたちで極右・ポピュリズム政党が台頭した。オランダは同年3月，総選挙でルッテ首相率いる与党・自由民主党が第1党を守ったが，「イスラーム諸国からの移民受け入れ停止」など排外的な公約を掲げる極右の自由党が第2党として議席を増やした。同年5月に開催されたフランス大統領選では，中道のエマニュエル・マクロン (Emmanuel Macron) が勝利したが，フランスで極右政党（マリーヌ・ルペン (Marine Le Pen) 率いる国民戦線）が初めて決選投票まで残った。そして，ドイツは同年9月に，総選挙で与党キリスト教民主・社会同盟が勝利してメルケル首相は政権4期目に入ることになったが，反移民・反イスラームを掲げる極右政党「ドイツのための選択肢」が第3党に躍進した。右翼が議会に進出したのはドイツにおいて第二次世界大戦後初めてのことである。

　テロに関わるのは一部のイスラーム過激派に限られ，一連のテロ事件の犠牲者となったムスリムも少なくない。それにもかかわらず，メディアや政治家の言説によって，イスラームやムスリムは「暴力」や「テロ」と結び付けられ，その脅威は一層高められる。巻末年表で改めて確認できるように，頻発するテロ事件は，諸国において，治安を維持し安全を保証するという国家の第1の役割を脅かしている。さらに，ヨーロッパにおけるムスリム人口の増加が今後も見込まれるなか，伝統的なキリスト教諸国は「国家アイデンティティ」の不安を抱えている。しかしながら，ヨーロッパ諸国のアイデンティティよりも憂慮すべきは，ヨーロッパ社会に市民として定着しつつあるムスリムのアイデンティティである。それはテロ事件とも決して無縁ではない。アルジェリアのGIA（武装イスラーム集団）のようなイスラームグループはフランスで支援を受け，移民グループから人員を動員している。10代になる前に他者のまなざしに排除を読み取って「フランス人」との差異を意識し，社会であるがままの自分を認めてもらいたい欲求をもったムスリム移民の若者に過激派が付け入って

勧誘する。

　人々の帰属意識は国籍だけではなく，彼らに注がれるまなざしによっても形成されるものである。18歳以上のフランス人を対象とした2015年11月実施のIpsos調査によれば，フランス生まれの移民の子どもたちを多数派と同じ「フランス人」であるとみなしているのは回答者の半数（50％）に過ぎない。今日，36歳未満の移民の子どもの大部分はフランス国籍を有した「フランス人」であることを考えると，あまりにも低い数値である[40]。ドイツ人対象の世論調査では，「イスラームはドイツに属していない」と考える人々は，2010年の47％から2015年には60％に増加し，22％のみが「イスラームはドイツに属している」と回答している[41]。ムスリム系ヨーロッパ市民をそのものとして受容するためには，受入国の人々が彼らを見るまなざしの変化が不可欠である。タリック・ラマダン（Tariq Ramadan）[42]は，「ムスリムはイスラームの原則とともに西洋の文化に根付き，そこで培われている。彼らは西洋のイスラームを生んだ」と言うが，本章で確認したように，ヨーロッパ諸国の人々にそのような意識は共有されていない。ムスリムが礼拝所の建設を望むとき，それは宗教の硬化でありヨーロッパの伝統文化の拒否と見られることはあっても，その逆に，ヨーロッパ社会に根を下ろして統合する意思を示すものとはみなされ難い。

　ヨーロッパに居住するムスリムの社会的不統合の原因を，一方的に彼らの「拒絶」や「文化的差異」に帰するのではなく，政治経済的・社会的なるものの文化的なるものへのすり替えが行われていないか問い直さなければならない。イスラームやムスリムがヨーロッパ諸国の文化や風景を変えるというとき問題になっているのは何か。ムスリムの地理的な集住を指すのであれば，第二次大戦後に公権力によってなされた移民の住宅政策や家族呼び寄せの政策に批判的な目を向けるべきである[43]。本章では公権力によるイスラームの政治的利用を明示した。イスラームはすなわちヨーロッパ諸国に自己批判に立ち向かう試練と機会を与えている。

　ムスリムのうちにもヨーロッパ諸国の国籍を取得し，フランス人やドイツ人としての投票権をもつ者が増加しつつある。2012年フランス大統領選挙の決選投票では，現職のサルコジ大統領にオランドが勝利したが，ムスリム系フランス人の有権者の約86％はオランドを支持し，その票数はサルコジとオランド

の得票数の差とほぼ同数であった。ムスリムの有権者票は、地域レベルだけではなく国家レベルにおいても、確実に重要性を増している[44]。本章のなかで、モスク建設について世論から詳細な事例まで取り上げたが、1つの大モスクが建設されれば、既存の小規模なもののいくつかは閉鎖されることになる。そのため、すでに多くの礼拝所があるマルセイユでは、1つの大モスクを建設するよりも、既存のものを改築して拡大するほうを支持する声があった。礼拝所の建設にしても、選挙対策やイスラームの管理という目的からのみ推進されるのではなく、「ヨーロッパ市民」であるムスリムの人々の需要にこたえたものでなくてはならないだろう。同時に、世論調査や政治的言説で「ムスリム」と一括りにされている人々の出自や宗教実践の多様性にも注意を払う必要があるだろう。

●注
1 Tribalat (2017), p.194
2 字義通りの意味は「神に服従する人」。ムハンマドの信仰者たちを指す言葉としては、「ウンマ」という語のほうが正確とされる。しかし、この言葉にも問題があり、意味や語源が分かっていない（Aslan(2005)＝アスラン(2009)、102ページ）。
3 Esposito (1992；1995) ＝エスポズィート (1997)、9、334ページ。
4 2010年時点のEU加盟国は27ヵ国だが、2013年にクロアチアが加盟して28ヵ国となった。
5 Pew調査では、庇護申請者を除き、経済、教育または家族呼び寄せなどの理由でヨーロッパに合法的に入国する人々を「正規移民」と規定している。
6 一人の女性が生涯で何人子供を産むかの指標。
7 ヨーロッパで正規滞在の資格を得ることが見込まれない庇護申請者（ドイツに32万、フランスに14万）はここに含まれていない。
8 European Monitoring Centre on Racism and Xenophobia.
9 Bleich (2010), pp.109-114.
10 Bleich (2010), pp.69-81.
11 Hasan (2010), p.9; Murray (2017), p.103.
12 IFOPが2011年4月9日から18日に調査を実施。オンライン自動管理システムによる。サンプルの抽出は、居住地域を基準に層化を行った後、割当法（性別、年齢、家長の職業）により実施（以下、本章に掲載のIFOPによる調査で特に注記のないものは全て同様の調査法で実施されている）。調査対象はいずれも18歳以上、フランス806人、ドイツ800人、オランダ605人、イギリス600人。
13 1870年代終わりにカトリック教会が教育など非宗教的領域をも支配し、また共和制に敵

対する文脈の中で，共和派が教会勢力を抑えるためのイデオロギーとして登場し，教会への闘争的雰囲気の中で共和派により一方的に立法化されたものである。それが後に闘争的色彩を薄め，宗教的自由を保障するための宗教的中立性という意味で，明示的に憲法原則化された。その立法化として参照されるのは，「教会と国家の分離に関する法律」（1905年12月9日），いわゆる政教分離法である（小泉（1998），44ページ）。
14　IFOPが2016年10月7日から12日に，フランスの18歳以上の2,000人対象に実施。
15　Santelli (2016), p.94.
16　ダリル・ブバクール共著『フランス人に開かれた手紙』（*Lettre ouverte aux Français*, Kero, 2015）参照のこと。
17　IFOPが2015年6月25日から29日に，フランスの18歳以上の2,027人対象に実施。
18　Marongiu-Perria (2017), pp.105,106.
19　人種差別と警察の手落ちを告発するため，ヴェニシューの15人ほどの若者の発案に始まる行進は，1983年12月3日，10万人の人々をパリに動員した。このとき初めて，移民の若者がテレビ画面にあふれた（*Le Monde* 2005年1月14日）。
20　www.sos-racisme.org/Nouvel-article,30.html（2010年11月30日確認，2018年現在は確認できない）。
21　Sfeir; Andrau (2005), pp.56, 127,128.
22　IFOPが2011年2月25日から3月5日にフランスに在住するムスリム系家庭出自で18歳以上の547人を対象に実施した対面調査。本文には，「イスラーム教／カトリック教信者で宗儀を実践する／実践していない」という回答のみを取り上げた。ほかに，「ムスリム系／カトリック系家庭出自というだけで信者ではない，または無宗教」という回答がそれぞれ25%／27%。
23　Marongiu-Perria (2017), pp.20-23.
24　フランスの15歳以上のムスリム508人，固定電話を対象に実施。
25　「フランスにはイスラームに対する敵意があると感じるか」という質問項目に対して，回答者の66%が「強く感じる」と回答している（前掲，CSA調査　2008年7月）。
26　この点に関して以下，ルネ・レモンに詳しい。「立法機関はもはや，キリスト教を源泉とする道徳の伝統を，異論の余地なき基準として参照することはない。（略）とりわけ男女の関係と性の問題について—立法学の立場は伝統から離反していった。1967年，教会が自然であるとみなす道以外の方法によって妊娠が回避されることを認めた法律ができると，いっそう見解の相違が顕在化した［訳者注：1967年法は，それまで医師の処方箋が必要だった避妊薬を解禁］。1975年の法律により，人工妊娠中絶が刑法上の犯罪とみなされないことになり，相違はますます顕著になった［訳者注：「ヴェイユ法」と呼ばれる1975年法により，妊娠10週間までの中絶が認められるようになった］。」（Rémond (2005) ＝レモン (2010), 73,74ページ）。
27　Roy (2005), pp.68-76,160.
28　井筒 (2015), 158ページ。
29　同調査において，その他の回答者は以下の通り。「生活する国の規則に合わせて一部適用するべき」（37%），無回答（8%）（前掲，CSA調査　2008年7月）。
30　Roy (2005), pp.60-63.

31 Tribalat (2017), pp.113,114.
32 Coq (2005), pp.205-218；伊達 (2007), 14-23ページ。
33 Esposito (1992；1995) = エスポズィート (1997), 372ページ。
34 「教会と国家の分離に関する法律」(1905年12月9日), いわゆる政教分離法の第一章第２条には次のようにある。「共和国は, いかなる信仰に対しても, 公認をせず, 給与を支払わず, 補助金を交付しない。(中略) 礼拝に関するすべての支出は, 国, 県及び市町村の予算から削除される。但し, 施設付司祭の役務に関する支出であって, 高校, 中学, 学校, 病院, 収容施設及び刑務所のような公共施設において自由な礼拝を確保するための支出は, その予算に計上することができる。宗教公施設法人は, 第3条が定める場合を除き, 廃止される」。
35 *Le Monde* 2009年11月6日；*Libération* 2016年9月27日。
36 *Le Monde* 2008年12月3日；*Le Figaro* 2008年12月2日；*Le Figaro* 2008年12月22日。
37 2018年現在の事務局長はアマル・ラスファール (Amar Lasfar)。2017年4月に組織の改称を公式発表した。共同体主義との批判を避け, 市民に一層寄り添う組織となることを目指すが, CFCM 現代表アブダラ・ゼクリ (Abdallah Zekri) はフランスのムスリムを代表しているような混乱を招きかねないと批判的である (*La Croix* 2017年4月15日)。
38 Sfeir; Andrau (2005), pp.106-110.
39 ムスリム世界では超保守的でピューリタン的なイデオロギーを指す。ワッハーブ派の教義は, 「神の唯一性」の概念を過度に単純化し, 神を宗教的献身の唯一の対象とする。よって, それ以外のいかなる存在物を崇拝の対象にするのも避けるべきと考えられる。ワッハーブ主義者たちは, イスラームがアラビア半島の部族たちの領域を越えて中東, 中央アジア, ヨーロッパ, インド, アフリカなどの異文化に吸収されたことによって, 逆にイスラームに浸透してきたさまざまな慣習も非合法化しようとしてきた (Aslan (2005) = アスラン (2009), 330, 331ページ)。
40 Santelli (2016), pp.91-102.
41 Murray (2017), p.318.
42 Ramadan (2017), pp.58, 59.
43 Marongiu-Perria (2017), p.22.
44 Tribalat (2017), p.121.

●参考文献

Aslan, Reza (2005), *No god but God : The Origins, Evolution, and Future of Islam*, Random House.= アスラン・レザー著, 白須英子訳 (2009)『変わるイスラーム』藤原書店。
Bleich, Erik eds. (2010), *Muslims and the State in the Post-9/11 West*, Routledge.
Bleich, Erik (2003), *Race Politics in Britain and France: Ideas and Policymaking since the 1960s*, Cambridge University Press.
Coq, Guy (2005), *La laïcité : principe universel*, Paris: Éditions du Félin.
Esposito, John L. (1992；1995), *The Islamic Threat: Myth or Reality?*, Oxford University Press. = ジョン・L. エスポズィート著, 内藤正典, 宇佐美久美子監訳 (1997)『イス

ラームの脅威：神話か現実か』明石書店。
Esteves, Olivier (2011), *De l'invisibilité à l'islamophobie : Les musulmans britanniques (1945-2010)*, Presses de Sciences Po.
Hasan, Rumy (2010), *Multiculturalism: Some Inconvenient Truths*, Politico's Publishing Ltd.
Hoffner, Anne-Bénédicte, (2017), *Les nouveaux acteurs de l'islam*, Bayard édition.
Marongiu-Perria, Omero (2017), *En finir avec les idées fausses sur l'Islam et les musulmans*, Editions de l'Atelier.
Murray, Douglas (2017), *The Strange Death of Europe: Immigration, Identity, Islam*, Bloomsbury Continuum.
Ramadan, Tariq (2005), *Le génie de l'islam*, Editions Archipoche.
Rémond, René (2005), *L'invention de la laïcité française : De 1789 à demain*, Bayard. ＝ルネ・レモン著，工藤庸子，伊達聖伸訳・解説 (2010),『政教分離を問いなおす：EUとムスリムのはざまで』青土社。
Renaut, Alain; Touraine, Alain (2005), *Un débat sur la laïcité*, Paris: Stock.
Roy, Olivier (2005), *La laïcité face à l'islam*, Paris: Stock.
Santelli, Emmanuelle (2016), *Les descendants d'immigrés*, Paris: Editions La Découverte.
Sfeir, Antoine; Andrau, René (2005), *Liberté, égalité, islam: la République face au communautarisme*, Paris: Tallandier.
Sorel-Sutter, Malika (2017), *Décomposition française*, Les éditions Pluriel.
Tribalat, Michèle (2017), *Assimilation: la fin du modèle français*, L'Artilleur.

井筒俊彦 (2015)『イスラーム文化』岩波書店。
小泉洋一 (1998)『政教分離と宗教的自由：フランスのライシテ』法律文化社。
小井土彰宏編 (2017)『移民受入の国際社会学』名古屋大学出版会。
小杉泰 (1994)『イスラームとは何か』講談社。
成美堂出版編集部 (2017)『今がわかる時代がわかる世界地図2018年版』成美堂出版。
伊達聖伸 (2007)「ニコラ・サルコジの宗教政策，あるいはライシテの行方」『国際宗教研究所ニュースレター』第56号，14-23ページ。
鳥羽美鈴 (2010)「フランス社会におけるイスラームの「脅威」」『日仏社会学会年報』第20号，45-64ページ。
内藤正典 (2012)『イスラームから世界を見る』筑摩書房。
三井美奈 (2015)『イスラム化するヨーロッパ』新潮社。
山内昌之編 (1996)『「イスラム原理主義」とは何か』岩波書店。

第4章　イスラームがヨーロッパ社会に与える影響　95

> 章末年表

事件の発生時期		イスラーム過激派による事件例
1986年	2月—11月	【パリ連続テロ】シャンゼリゼ通りのホテルや，市内の書店，郵便局，商店などに対し，ヒズボラ（レバノンを中心に活動するイスラーム教シーア派過激派組織）らによる複数回の爆弾テロが発生。
1994年	11月6日	イスラーム過激派がパリのシナゴーグ（ユダヤ教の会堂）を破壊。
	12月24日	アルジェ（アルジェリア）発パリ行きのエールフランス便が，武装イスラーム集団GIA（アルジェリアを拠点とする組織）の4人にハイジャックされ，死傷者が出た。
1995年	7月11日	アルジェリアのイスラーム政党FIS（イスラーム救国戦線）設立者の一人，アブデルバキ・サラウィ（Abdelbaki Sahraoui）がパリでGIAによって暗殺される。
	7月25日	【パリ地下鉄駅爆弾テロ】パリの地下鉄駅にて混雑時をねらい，GIAによる爆弾テロ事件が発生。死傷者多数。
	8月—10月	【フランス連続テロ】GIAやアルジェリアのイスラーム過激派によると目されるテロは，8月にパリ（8月17日）で1件，リヨン（8月26日）で1件，9月にパリで2件（9月3日，4日），リヨンで1件（9月7日），10月にパリで3件（10月6日，14日，17日）と続いた。駅の他，商店，ユダヤ人学校，警察などがねらわれ各地で負傷者が出た。
1996年	12月3日	パリの地下鉄駅でGIAによる爆弾テロが発生。3人死亡，負傷者多数。
2001年	9月11日	【アメリカ同時多発テロ事件】
	12月22日	収監中に改宗し，アルカーイダの一員となったイギリス人の男が，パリ発マイアミ行きのアメリカン航空便で，航空機の爆破を試みたが未遂に終わる。
2004年	3月11日	【マドリード列車爆破テロ事件】スペインの首都の複数の駅でアルカーイダが仕掛けた爆弾により，191人が死亡。
	10月8日	パリのインドネシア大使館外部に仕掛けられた爆弾が破裂し，負傷者を出した。フランスのイスラーム武装戦線が犯行声明を出したが真偽は不明。
	11月2日	オランダの映画監督テオ・ファン・ゴッホ（Theo Van Gogh）がアムステルダムの路上で過激派に傾倒するモロッコ系オランダ人に殺害される。

事件の発生時期		イスラーム過激派による事件例
2005年	7月7日, 21日	【ロンドン同時爆破事件】イギリスの首都の地下鉄3ヵ所とバスが爆破され, アルカーイダの自爆テロ犯4人のほかに52人が死亡。21日にもロンドンで4件の爆破事件があったが被害はわずかにとどまる。
	9月30日	【ムハンマド風刺画問題】デンマークの日刊紙ユランズ・ポステン (Morgenavisen Jyllands-Posten) に掲載されたイスラーム過激派を想起させるムハンマドの風刺画が論争や外交問題を引き起こした。 翌年2006年に, フランスの週刊誌シャルリー・エブド (Charlie Hebdo) が同風刺画を掲載。
2012年	3月	フランス南部の2都市でイスラーム過激派のアルジェリア系フランス人による3件の殺人事件が発生。 3月11日, トゥールーズで兵士1人殺害。 3月15日, モントーバンで現金自動預け払い機の前に並んでいた兵士たち3人を殺害。 3月19日, トゥールーズのユダヤ人学校の外で, 子供を含む4人殺害。
	6月19日	トゥールーズの銀行でイスラーム過激派の男が4人を人質にとるが後に解放。
2013年	5月25日	パリのラ・デファンス地区を巡回中の警官がイスラーム過激派の男に襲撃され負傷。
2014年	12月20日	ジュー・レ・トゥールで, IS (Islamic State) に傾倒するブルンジ生まれのフランス人が警察署を襲撃。犯人が射殺されるまでに3人の警官が負傷。
2015年	1月7日	【シャルリー・エブド襲撃事件】パリ11区のシャルリー・エブド本社が, イスラーム過激派に襲撃され, 編集者, 執筆者, 警官を含む12人が死亡。AQAP (アラビア半島のアルカーイダ) が犯行声明を出し, 当社がイスラーム教の預言者ムハンマドを題材にした風刺画を度々掲載してきたことを襲撃の理由に挙げた。
	1月8日, 9日	パリでISに傾倒する男が警官を殺害。翌日には商店を襲撃し, 男が射殺されるまでに人質4人が殺害された。
	4月19日	イスラーム過激派のアルジェリア人の男がパリで2つの教会を襲撃。
	11月13日	【パリ同時多発テロ事件】パリ北郊サンドニの競技場近くで発生した自爆テロに続き, パリ東部の劇場やレストランなど計5ヵ所が襲撃され, 130人が殺害された。ISが犯行声明。

事件の発生時期		イスラーム過激派による事件例
2016年	1月7日	ISに傾倒する男が偽の爆弾ベルトを装着し、肉切り包丁を持ってパリの警察署を襲撃し、射殺された。
	1月11日	ISに傾倒する男がマルセイユにあるユダヤ人学校の教員を負傷させる。
	6月13日	パリ近郊マニャンビル（Magnanville）でISメンバーが警官の一家を襲撃。
	7月14日	【南仏トラック突入テロ事件】南仏ニースのデザングレ通りで革命記念日のイベントを楽しむ観光客らに向けてチュニジア出身の男がトラックを突入させ、80人以上が死亡。
	7月26日	フランス北部ノルマンディーの教会をミサの最中にISメンバー2人が襲撃し、神父の喉を切って殺害。
	12月19日	【ベルリン・トラックテロ】ベルリン市内のクリスマス市場にトラックが突っ込み12人死亡。容疑者のチュニジア人は射殺された。
2017年	4月20日	シャンゼリゼ通りでISメンバーが警官を襲撃。
	5月22日	【マンチェスター爆破テロ】マンチェスター市内のコンサート会場で自爆テロ。23人死亡。ISが犯行声明。
	6月6日	パリのノートルダム大聖堂前で、ISメンバーが警官を襲撃。
	6月19日	シャンゼリゼ通りでISメンバーが車を警察車両に衝突させる。
	8月17日	【バルセロナ自動車テロ】バルセロナ中心部で自動車が暴走して人をはね、13人死亡。ISが犯行声明。
	10月1日	マルセイユで2人の女性がISメンバーに刺殺された。

（注）　Global Terrorism databaseやフランス日刊紙等を参照して筆者作成。フランス関連を多く掲げている。

◆ Summary ◆

Europeans have been distrustful of Islam and Muslims from the medieval era and have increased anxiety because of terrorist attacks which have occurred in major European cities since the 1990s. With the Muslim population increasing is it solely anxiety about safety and threats to national identity that Islam gives to Christian societies in Europe?

A survey conducted in four European nations shows that people unanimously think the integration of Muslims into European society has failed. A "rejection" of Muslims is listed as the first reason. The affirmation of Muslim identity tends to be regarded as a rejection of Western society. However, in France, for example, the majority of Muslims expressed their identity as "French Muslim".

Rethinking ways of looking at Muslims is needed to accept them as European citizens because a sense of belonging is formed not only by nationality but also by how people appear to others. The shortcomings of Muslim integration should not be unilaterally attributed to their "rejection" or their "cultural differences". People in receiving countries should look critically at immigration policies and the political use of Islam made by governments. Islam gives European countries opportunities and challenges to confront self-criticism.

第 5 章
EUの将来とわが国産業の対欧戦略

久保　広正

◆

1　はじめに

　英国のEU離脱（Brexit），中東からの難民流入，EU加盟各国におけるポピュリズム政党の伸長など，EU統合は岐路に立っているといえる。このため，EUの将来についてもさまざまな議論が交わされているところである[1]。一方，わが国産業にとってみると，5億人の人口と16兆ドルを超えるGDPを有するEUは，海外戦略において重視すべき市場であることは論を待たない。
　本章においては，まずEU経済の重要性を確認し，わが国産業にとって喫緊の課題ともいうべきBrexitに対する戦略をみた後，対欧戦略がどのようになるのかについて展望を試みることにする。

2　EUの重要性

　分析に先立ち，わが国産業にとって，どの程度EU市場が重要であるかについて概観しておきたい。しばしば指摘されるように，EU総計のGDPは16.4兆ドルに達している。これは米国の18.6兆ドルを下回るものの中国の11.2兆ドルを上回り，世界第2位の経済規模を有している（2016年実績。いずれもIMFによる）。ちなみに，同年時点でわが国のGDPは4.9兆ドルであり，EUの3分1程度にとどまっている。また，同年でEUの一人当たりGDPは3.2万ドルであり，わが国の3.9万ドルを下回るものの，EUは豊かな地域といえるであろう。

後述するように，わが国企業による海外直接投資が増加している背景の1つである。

次に，わが国輸出入および投資にとってEUがどのような地位を占めているかをみてみよう。わが国の輸出からみてEUのシェアは11.4%，また輸入は12.3%に達しており（いずれも2016年），重要な市場であるといえる。ただ，注目されるのは，そのシェアが，近年，輸出入とも低下，あるいは横ばい基調にあることである。事実，輸出におけるシェアをみると，2000年は16.3%であった。また，輸入の場合，同年は12.3%であった。このことから，いわば輸出先としてEUをみる場合，その重要性は低下しつつあるといえるかもしれない。

一方，海外直接投資（残高ベース）でみると，対欧州投資は38.0兆円と，依然として米国に次ぐ第2位の地位を占めている。ちなみに，第1位の米国は53.2兆円，第3位の中国は12.7兆円であった（いずれも2016年度末。日本銀行による）。この結果，2017年時点で，わが国産業は欧州において6,465もの拠点を有するに至っている（外務省調査による）。また，対内直接投資についてみると，同年，EUからの投資額は8.8兆円と第1位を占めている（残高ベース）。ちなみに，第2位は米国の7.0兆円であった。こうしたデータから判断すると，日・EU経済関係では貿易から投資へのシフトが起こっているが，わが国産業にとってEUの重要性は変化していないとみてよいであろう。

加えて重要な点はEUが有する規範力（ノーマティブ・パワー）である[2]。換言すれば，自らのルールをグローバル・スタンダードに格上げすることができる力である。EUはしばしば国際社会において，1つの声を発することもあるが，国際機構—たとえば，国際連合—においては，28ヵ国として発言，投票することが多く，重要な意思決定において影響力を行使することも忘れてはならない。ちなみに，たとえば，先進国首脳会議，いわゆるG7サミットに参加するのは，7ヵ国プラスEUである。さらに，2009年12月のリスボン条約発効後，サミットには，独・仏・英・伊といった欧州主要国首脳に加えて，EUからは欧州理事会常任議長および欧州委員会委員長の2名が参加する。

この規範力について，若干，具体的に論じてみたい。さまざまな分野でみられるが，ここでは産業界にとって留意が必要な環境規制および個人情報保護に限ってみておきたい。

まず環境規制であるが，EUでは厳しい規制を導入，こうした規制をグローバル・スタンダード化しようとしているとみられる。その代表例は，RoHS指令[3]（Directive on the Restriction of the Use of Certain Hazardous Substances in Electrical Equipment）やREACH規則[4]（Regulation concerning the Registration, Evaluation, Authorisation and Restriction of Chemicals）などである。前者は，電気電子機器に含まれる特定有害物質の使用を制限しようとするものであり，2006年7月1日から実施された。また，後者は，化学物質に起因する可能性があるリスクから人の健康と環境の保護を高めることを目的としており，2007年7月1日に導入された。

これら指令・規則は，本来，EUにおいて生産活動を行っている企業を対象とするものである。ただ，EUを対象に製品を輸出する諸国でも，対応する各国版のRoHS指令，REACH規則を制定・導入せざるを得ないことになる。このような指令・規則は国際的に合意された条約・貿易協定といえるものではない。それにもかかわらず，域外国，あるいは域外企業はEUでのビジネスを展開するためには，同等の規制を導入せざるをえない。その結果，やがてはEUのルールがグローバルなルールに発展していくことになる。

また，個人情報（データ）の保護を目的とした「一般データ保護規則（General Data Protection Regulation, GDPR）」[5]の適用が2018年5月25日から運用が開始されたことも重要である。この規則はEU28ヵ国にノルウェー，アイスランド，リヒテンシュタインを加えたEEA（European Economic Area）関連文書と位置づけられており，EUを含むEEA諸国に適用されることになる。その趣旨は，名前，メールアドレスやクレジットカード情報など個人を識別できるあらゆる個人データのEEA内外への移転を原則として禁止し，これに違反した企業には高額の制裁金が課せられるというものである。EEAに進出しているわが国企業など域外企業も対象となるのは当然としても，たとえEEA域内に拠点がないとしても，インターネットなどを経由してEEAに財・サービスを提供し，その際に域内の個人データを所得している企業も対象となる。

なお，制裁金は，最大2,000万ユーロ，または，当該企業の全世界売上高の2％の高額の方が適用される可能性があり，制裁金の水準としては相当高いといえる。その際，米国やスイスなどは同程度の保護が行われているとみなさ

れており，今後も個人情報を持ち出すことは可能である。また，わが国についても2019年1月になり，EUと同等と認定された。すなわち，EUは個人情報の保護を基本的人権の保護と位置づけており，そのためには企業に厳格な管理責任を要求しており，わが国の保護も同水準とみなされたのである。なお，日本経済新聞社のアンケート調査（回答社数は101社。また，実施は2018年5月中旬から同23日）によると，同規則が発効した2018年5月25日時点で対策を完了しているのは対象企業の2割にしか達していないとのことである[6]。

　IoTあるいはビッグデータ活用が一段と国際市場において重要さを増していくという環境下，いわばEUが先手を打って，このデジタル・エコノミーにおけるルール形成で先行し，かつグローバル化する可能性を秘めている。したがって，わが国産業は，EU内に拠点を有することにより，いち早く，その動向を把握できれば，効果的な対応策を講じる可能性が高まるといえよう。

3　EUの将来

　EUの将来像を政治経済面から考察するということは別の機会にゆずるとして，本節では，わが国産業の対欧州戦略にとって，直接的に影響する喫緊の課題，すなわち，Brexitに焦点を絞って論じたい。これまでわが国企業の多くは，ロンドン，あるいはイギリスをEUのゲートウエイと位置づけてきたからである。また，わが国企業の欧州におけるオペレーション・センターを英国に設置しているとこも重要といえるであろう。ちなみに，既述した外務省調べによると欧州に進出している日系企業拠点数6,465のうち，英国には998もの拠点が設置されているとのことである。これはEU加盟国中，ドイツ（1,811）に次いで第2位である。

　周知の通り，英国は2016年6月に実施された国民投票により，EUから離脱することを選択した[7]。また，これを受けて，2017年3月28日，メイ首相はEUに対して離脱を通告した。EUの「憲法」とも位置づけられるリスボン条約第50条は，EU離脱について規定している。これによれば，EUからの離脱を決定した加盟国は，EUに対する通告後，当該国とEUの間で離脱に関する協定，および当該国とEUの間で新たな関係に関する協定を締結し，それがで

きなかった場合でも最長2年間のうちにEUから離脱することになる。いずれにせよ，遅くとも2019年3月29日の時点で英国はEU域外国になっているであろう。

このため，現在，英国の離脱条件を巡って英・EU間で交渉が精力的に続けられてきた。上記したEUへの離脱通知後，英国・EU間で何度かの交渉が繰り返されたが，2018年11月，ようやく離脱に関する条件を定めた協定と離脱後の関係に関する政治宣言について合意が成立した。その際，離脱によるショックを軽減するための移行期間の措置についても，EU側の主張に沿って2020年12月末とすることになった。

これまでの交渉を概観すると，国内政治の混乱からリーダーシップが十分に発揮できない英国側が譲歩を重ね，EU側が終始主導権をとっているとみてよいであろう。ただ，次のステップとして，英・EUにおいて批准という作業が残っている。これができなければ，協定は発効しないことになる。もし，協定が発効しなければ，英国は単なる域外国になり，EUとの間でさまざまな貿易障壁が出現することになる。

もし何らかの協定が締結できず，いわゆる"hard Brexit"となった場合，わが国産業にとってどのような影響が及ぶのであろうか。まず影響が甚大になるとみられる金融部門を中心に考察してみたい。周知のように，たとえば銀行部門についてみると，市場統合措置により，EUでは単一銀行免許（Single Banking License）制が導入されている。すなわち，一旦，あるEU加盟国から銀行免許を取得すると，この免許は他のEU加盟国においても有効であり，銀行業を営むことができる。単一パスポート制とも称される制度であり，このことにより，現EU域内では国境を越えたサービスを提供することが可能となっている。

同様に，他の金融機関においても単一パスポート制が取り入れられている。これらのパスポートにはEU規則に応じてさまざまな種類が存在しており（図表5-1参照），銀行を含む金融機関の業務にとって重要性に差がある。例えば，かなり重要度が高いものは，EU版の「金融商品取引法」ともいえる金融商品市場指令であり，EUにおける金融・資本市場に関する包括的な規制である。また，預金受け入れ，貸出，決済などに関する資本要求指令も，同じく重要と

図表5-1　単一パスポート制の現状

業種	主たる EU 法	重要性
銀行	金融商品市場指令（MiFID）	高
	資本要求指令Ⅳ（CRD Ⅳ）	
資産運用	機関投資家（professional clients）AIFMD	中
	リテール投資家（retail clients）UCITS V	
保険	ソルベンシーⅡ	低

（出所）Scarpetta, Vincenzo and Booth Stephan (2016), How the UK's financial sector can continue thriving after Brexit", *Open Europe Report* 10/2016, p.7

いえる。

　もし，英国が"hard Brexit"を選んだ（あるいは，選ばざるをえなかった）場合，英国で取得した銀行免許は（他の）EU 加盟国では効力を持たない。すなわち，EU 域内で金融サービスを影響しようとすると，英国以外で免許を取得せねばならないことになる。事実，いくつかの日系銀行——たとえば，三井住友銀行——は，Brexit 後に備え，すでにフランクフルトで銀行免許の申請を行ったと伝えられている[8]。

　次に，製造業については，次のような影響が考えられる。すでにみたように，わが国産業は対 EU 直接投資を増加させている。今後もこの傾向が続くとすると，わが国産業もいずれ EU におけるフラグメンテーション戦略（後述）を促進することになろう。これにより，いわば EU 域内において中間財，あるいは部品の移動が一層活発化するのである。その際，英国への部品流入，あるいは，英国から EU への製品・部品の流出に対して，関税が賦課されるようになれば，流通に伴うコストは増加する可能性が強い。具体的にいうと，英国で生産されたわが国企業の乗用車・同部品がドイツなど EU 加盟国に輸出されるとすると，関税が賦課されることになる。現行は無税であるが，後述するように域外国からの乗用車・同部品輸入について EU（この場合，英国を除く27ヵ国）関税を賦課しているからである。

　なお，日・EU 間の貿易関係については，次のような問題もある。2002年1月1日に発効した日・EU 間の相互認証（Mutual Recognition）協定[9]は，日・EU 間貿易に携わる企業の負担軽減を通じて両者間の貿易促進を目的としてい

る。すなわち，輸出国において認証が行われていれば，輸入国では認証手続を不要とする協定である。具体的には，電気通信機器，電気製品，化学品，医薬品の4分野が対象となっており，こうした分野では，輸出国，輸入国双方で同様の認証手続を行うことの作業が削減できることになった。この協定は，当然のことであるが，EUとの間の協定であり，Brexit後，英国は相手国とはならない。したがって，格別の協定が新たに締結されない限り，たとえば，英国で許可された医薬品は直ちにわが国で承認されるとは限らないことになる。

　次に，Brexit後の英国および首都ロンドンについて，その将来を，産業集積論から論じたい。この議論は，ある地域に，ある産業が集まって立地，集積により外部経済性などを享受することにより，集積が一層強化されていくという現象を分析しようとするものである。近年の業績については，Krugman.P (1991) が注目される。同氏は，規模の経済性，輸送費，外部経済性と分業などの要因に注目しつつ，集積のメリットについて論じた。多種多様な企業が特定地域に立地，互いに外部経済性を享受することにより，イノベーションが生じる一方，集積地に産業がとどまるというロックイン効果が生じるとされたのである。ここで重要な概念は，「接触の利益」である。すなわち，多様なスキルを有する知的人材が集積することにより，高度な情報を獲得できるとするものである。また，Pred, A (1977) によると，産業間で交換される情報は，次の3つに分類できるという。(1) 私的情報 (private information)，(2) 公開情報 (public information)，(3) 可視化された特殊な情報 (specialized visual information) である。このうち，(1) はフェイス・トゥ・フェイスで得られる情報であり，集積のメリットが生じやすいカテゴリーといえる。また，(2) は，現代ではインターネットなどにより得られる情報であり，たとえ産業が遠隔地に位置しても，情報共有が可能とされる。

　ところで，Chinitz,B (1961) は，ニューヨークとピッツバーグ両都市の産業構造について比較した。すなわち，多様な産業が位置する大規模な都市であるニューヨークと鉄鋼業に特化したピッツバーグの成長率を対比したのである。その結果，ニューヨークの成長率はピッツバーグを上回ったことを見いだした。大都市の方が「接触の利益」を享受できる可能性が高いことが，こうした現象の背景になっていると考えられる。

一方，Capello, R. (2000) は，都市間のネットワークにより情報の補完関係を形成し，外部経済を実現しうると主張する。この結果，都市間でシナジー効果が生じる可能性について言及している。この点は本章の研究目的にとって重要といえるかもしれない。すなわち，かりにロンドンからわが国企業が他の都市へシフトするにしても，その都市間，たとえば，フランクフルトにヘッドクオーター，パリにデリバティブの開発，バックオフィスをダブリンに置き，それぞれをネットで結び付けることにより，効率的なオペレーションが可能になるかもしれないのである。

以上のような産業集積論から，EU における英国，さらには首都ロンドンの地位に関して，次のようにいえるであろう。もし，フェイス・トゥ・フェイスによる接触の利益が重要であれば，英国あるいは大規模な都市であるロンドンの優位性は一定程度，維持できるかもしれない。ただ，Capello の主張，さらには ICT の進展を重視すれば，わが国企業の EU におけるオペレーション・センターを必ずしも 1 つの都市に限る必要がなく，効率的なネットワーク構築により，ロンドン以外の複数都市に分散することも不可能ではない。こうした観点に立脚すれば，わが国企業は，いずれ欧州におけるわが国企業オペレーション・センターを英国以外にシフトしていく可能性が高いと判断してよいであろう。

これまで述べてきたように，Brexit 自体は EU 内の問題ではあるが，効果的な対応策を講じなければ，EU と密接な貿易投資関係を有するわが国産業にも大きな影響を及ぼす可能性が強いといえるであろう。

4　日・EU 経済関係と経済連携協定

まず，ごく簡単に日・EU の経済関係について振り返っておきたい[10]。かつて日・EU 経済関係といえば，貿易摩擦一色であったといえるであろう。その背景には，日本の輸出超過が恒常的に続いていたという点を指摘できる。このため，EU は日本に対しさまざまな手段を講じ，輸入抑制を図った。高率の輸入関税賦課，輸入数量制限の導入，アンチ・ダンピング課税の賦課，輸出自主規制の要求，原産地規則の厳格な運用などである。その後，日・EU 間で貿易

交渉が繰り返された結果，順次，こうした対日輸入制限措置は緩和されたが，一方，わが国企業はEU内に拠点を設けることなどにより，EU市場の確保を行った。

　ただ，1990年代以降，その関係は改善しつつある。具体的には，1991年7月，「日・EC（当時）共同宣言」により相互の関係強化を図ることが確認された。その背景には，ソ連崩壊（1991年）後，世界の3大経済圏を占める日本とEUは，世界経済の発展に共に協力せねばならないとの認識があった。こうした背景の下，2001年12月の日・EU首脳会議では，「日・EU協力のための行動計画」が策定された。

　続いて，2011年5月の日・EU首脳会議以来，実質的な交渉がスタートした日・EU経済連携協定（Economic Partnership Agreement）について触れてみよう。かつてJ.Vinerは，地域統合について2つの効果を指摘した。貿易創造効果（Trade Creation Effect）と貿易転換効果（Trade Diversion Effect）[11]である。そのうち，今回の交渉で考慮すべき点は貿易転換効果である。すなわち，EUは韓国と自由貿易協定を締結している。その結果，多くの韓国製品はEUに無税で輸出することが可能である，一方，わが国製品はEUに輸出する際，関税が賦課される。自動車製品の多くは10%，電子製品に至っては14%もの関税が賦課されるのであり，比較的競争力が同等である韓国製品に比して大きなハンディキャップを負うことになった。その結果，場合によっては対EU輸出について，わが国製品から韓国製品への転換が生じる可能性が強まったのである。Vinerが指摘した貿易転換効果である。このため，わが国の自動車業界，電子製品業界からは，韓国と同様，わが国もEUとの間で自由貿易協定，あるいは経済連携協定を締結するよう要望がなされるようになった。

　一方，EU側では，ワインやチーズなど農産物に対するわが国の関税が高い水準にあること，依然として，日本には非関税障壁が残存していることに対して不満が強い。後者は具体的にいうと，政府調達がEUを含む海外企業に対して閉鎖的であること，医療機器などの承認手続が複雑かつ長期間を要することなどである。すなわち，双方にとって，関心事項が異なった分野であり，いかに交渉により成果がバランスのとれたものにするか，比較は容易でない。それだけに，交渉は困難といわざるをえなかった。ただ，2011年5月に至り，双方

のリーダーは交渉を開始することで合意した。その結果，2017年7月に大枠で合意が成立し，同年12月には最終合意が成立した。その後，同協定は日・EU双方の議会で批准を終え，2019年2月1日に発効している。

　この協定が発効した背景には，次の点を指摘できるであろう。まず第1は，WTOにおける多角間交渉が行き詰まりをみせる一方，米国でトランプ政権が成立するとともに「アメリカ・ファースト」政策を掲げ，ともすれば保護主義的措置を導入しようとしている点である。事実，2018年3月，同政権は鉄鋼およびアルミ製品に対する関税を25%にまで引き上げた。また，同年5月，安全保障を理由に，自動車に関する関税を25%に引き上げることを検討するように指示したと伝えられている。

　こうした状況の下，世界GDPの3割近くを占める日・EUが自由貿易の重要性を共有し，かつ，自由貿易が経済の活性化につながることを示すことが重要といえるであろう。また，EUの成長戦略「欧州（Europe）2020」からみても，本協定は重要である[12]。周知のように，この戦略は3本柱からなる。①知的な成長（Smart Growth），②持続可能な成長（Sustainable Growth）および③包含的な成長（Inclusive Growth）である。これらのうち，知的な成長を実現するためには，わが国を含め企業連携・科学技術協力が不可欠である。また，②にしても，EUのみで環境保護規制を導入するようだと，EU産業が競争力を喪失する可能性は否定できない。既述したように，こうした環境規制をグローバル・スタンダードにまで格上げすることが重要であり，そのためには貿易パートナーとの関係を強固なものにしておく必要がある。

　次に，合意が成立した同協定の主たるポイントは，以下のように7点に要約できよう[13]。

（1）　原産地規則
　原産品の累積と生産行為の累積の両方が利用可能な完全累積制度が採用された点や，品目別原産地規則で定める原産地規則の付加価値基準について，個別の事業者がより有利な計算方式を選択できる仕組みになった。

（2）　投資およびサービス分野
　この分野では，原則すべてのセクターを自由化の対象とし，自由化を留保する措置や分野を列挙するネガティブ・リスト方式が採用され，透明性がより高まった。また自然人の入国および一時的な滞在について，WTOの「サービスの貿易に関する一般協定」（GATS）でEUが約束していない自然人（投資家，独立の自由職業家，短期の商用訪問者，同行す

る配偶者および子）についても新たに約束することが規定された。
(3) **鉄道分野の市場アクセス改善**
　これまで政府調達分野において，鉄道調達は EU，日本共に WTO 政府調達協定上で開放していなかったが，今回の協定により，同分野の市場アクセスが相互に改善することとなった。
(4) **電子商取引**
　日・EU 間における電子的な送信に対する関税賦課の禁止，ソース・コード開示要求禁止については規定が設けられた。ただし，日・EU 間での自由なデータの流通に関しては，協定の発効後3年以内に，自由なデータ流通に関する条項を含める必要性を再評価することが規定されており，電子商取引分野での今後のビジネス環境改善が期待される。
(5) **農産物**
　農林水産品のうち，コメは，関税削減・撤廃等の対象から除外された。また，麦・乳製品の国家貿易制度，糖価調整制度，豚肉の差額関税制度は維持されることとなった。ソフト系チーズは関税割当とし，枠数量は国産の生産拡大と両立可能な範囲に留めた。牛肉は15年の関税削減期間とセーフガードを確保した。さらに皮革・履物（現行税率最高30％）については，11年または16年目に撤廃される予定である。
(6) **自動車および自動車部品**
　国際基準への国連規則に基づく型式認定の相互承認を強化することになった。また，乗用車に対する EU の関税は本条約発効後，8年目に撤廃されることになった。自動車部品に対する関税は，貿易額ベースで9割以上が即時撤廃される予定となった。
(7) **地理的表示**（Geographical Indication）
　カマンベールやモッツァレラなど特産品につける GI についても，大枠合意後にどの GI を保護対象とするかで交渉が続いていたが，最終的に合意に達した。多くのブランド産地を抱える EU は，200以上の GI が日本側で保護されることになったと公表した。日本側についても「夕張メロン」や「神戸ビーフ」など30品目以上の日本産品の GI を欧州側が保護することになった。

　こうした内容からなる日・EU 経済連携協定により，次のような効果が期待できるとされている。わが国製品の EU 市場へのアクセスであるが，EU 側の関税撤廃率は約99％に達する。とりわけ工業製品の関税撤廃率は100％となっている。一方，EU 産品に対するわが国側の撤廃率は約94％（農林水産品：約82％，工業品等：100％）となっており，双方で貿易拡大が期待できる内容になったといえる[14]。

5　おわりに―わが国産業の対欧州戦略の行方

　わが国産業の対 EU 戦略を考える上で，まず EU 統合に対して EU 企業がどのような戦略を実施しているかについて概観しておきたい[15]。その際，注目す

べき点は，経済統合と貿易パターンの変化である。

かつて貿易といえば，各国が比較優位に基づいて行う「産業間貿易 (Inter-industry trade)」を意味した。たとえば，農産物と工業品の間で貿易を行うことである。ただ，近年，産業構造が近似している諸国間で，近似した製品が取引される「産業内貿易 (Intra-industry trade)」の増加が注目されるようになってきた。EU 域内においても，この産業内貿易が顕著に増加しつつある。

たとえば，ドイツがベンツをフランスに輸出し，逆に，フランスはプジョーをドイツに輸出するといったタイプの貿易である。消費者のブランド嗜好に基づく製品の差別化が進んだことなどによる。加えて，EU においては，工業製品間の貿易，それも中間財・部品の貿易が顕著に増加するようになっている。いわば，「製品内貿易 (Intra-product trade)」の増加である。具体的には，生産活動を複数の生産プロセスに分解 (fragment)，それぞれの生産プロセスに適した立地条件を有する国・地域を選択し，これらの地域に各生産プロセスを分散立地させることである。フラグメンテーション，あるいは工程間分業とも称される動きである。その結果，複数国にまたがる生産拠点間で中間財を融通しあうというパターンの貿易が顕著に増加している。たとえば，研究開発拠点は英国あるいはドイツに設置し，部品の生産，あるいはアセンブリーをハンガリーで行い，最終製品はドイツ・フランスあるいは米国・日本で販売するといった生産パターンである。

こうした生産のフラグメンテーションを引き起こす要因として最も重要な点は，輸送費の削減である。ここで輸送費とは，狭義の物理的輸送費だけではなく，関税・非関税障壁，さらには国境を越えることによる異なった通貨間の為替レートの存在も含まれる。関税同盟の成立，市場統合措置による非関税障壁の削減，ユーロ導入などを通じた為替レート安定化への試み，通貨統合の実施などを通じて，EU における市場統合が進んだ結果，EU 域内の他国に生産拠点を設置したとしても，国内に完結した生産システムを設ける場合に比較して，コストが格段に増加することはない。EU 企業は，こうした戦略を採用することにより，域内他国に生産拠点を設置しているのである。

わが国産業は，同様のフラグメンテーション戦略をアジアで展開している。一方，EU においては，市場統合により国境のない EU が実現していること，

さらには日・EU経済連携協定で対EU投資環境が改善するとすれば，わが国産業が対EU投資を一層拡大し，これにより同様の戦略をEUでも強化することが可能になるとみられる。その場合，アジアにおける戦略とEUにおける戦略は，どのように相違するのであろうか。

いずれも，域内での所得格差，換言すれば賃金格差が大きな点は同様である。ただ，アジアに比して，EUでの格差は相対的には小さなものにとどまっている点は相違しており，フラグメンテーション戦略にはアジアの方が有利であるといえる。たとえば，人口一人当たりGDPをみると，たとえばアジアでは，ベトナムは2,354ドルに対してシンガポール57,713ドル（ベトナムの24.5倍）であるが，EUではブルガリアの8,064ドルに対してルクセンブルグ105,803ドル（ブルガリアの13.1倍）などである（いずれも2017年実績。IMFによる）。

ただ，EUはアジアに対して，次のような点で有利である。まず第1点はEU市場統合により，域内では関税・非関税障壁が相当程度，撤廃あるいは軽減されていることである。後者についてみると，たとえば，EU法体系（いわゆるアキ・コミュノテール）が整備されていることにより，制度面での安定性・予見可能性が高くなっていることが重要である。また，経済政策面でも透明性が確保されていることも大きい。この点はアジアに比較すると重要である。

第2は加盟28ヵ国（Brexit後は27ヵ国）中，19ヵ国にユーロが導入されていることである。さらに，ユーロを導入していない諸国にしても，ユーロ・ペッグにより，為替レートが相対的には安定していることも見逃すことができない点である。また，第3に，EU加盟国域内の輸送は概ね陸運を利用することができることも重要である。アジアの場合，多くの諸国間では海運を利用せざるをえない。海上運賃自体は比較的安価といえる。ただ，各港で積み換え作業を余儀なくされるため，時間および費用の面で意外に高価になることもある。

このため，わが国産業の対欧戦略は，これまでの貿易中心から投資に重点を移したものになり，さらに投資といっても単にEUに拠点を設置するというものから，拠点間あるいは工程間分業を形成するものへと変化していくであろう。その際，こうした戦略を管理するオペレーション・センターは，今後，英国あるいはロンドン以外の大都市，たとえば，金融部門であればフランクフルト，製造業部門であればドイツ・フランスといった加盟国になろう。

●注

1 たとえば，欧州委員会は「欧州の将来に関する白書」を公表し，将来のシナリオを提示している。European Commission (2017), "White Paper on the future of Europe: Reflections and scenarios for the EU27 by 2025 https://ec.europa.eu/commission/sites/beta-political/files/white_paper_on_the_future_of_europe_en.pdf（Accessed 2018-5-31）.

2 たとえば, Gstoel Sieglinde (2010), The Commission Commercial Policy and Political Conditionality: " Normative Power Europe" through Trade?, Studia Diplomatica, LX Ⅲ (3-4), pp.23-41を参照のこと。

3 Official Journal of the European Union, DIRECTIVE 2011/65/EU OF THE EUROPEAN PARLIAMENT AND OF THE COUNCIL of 8 June 2011 on the restriction of the use of certain hazardous substances in electrical and electronic equipment.

4 経済産業省（2008）「欧州の新たな化学品規制（REACH規則）に関する解説書」が詳しい。http://www.meti.go.jp/policy/chemical_management/int/files/reach/080526reach_kaisetusyo.pdf（参照2018-5-31）

5 Official Journal of the European Union (2016), Regulation (EU) 2016/679 of the European Parliament and of the Council of 27 April 2016 on the protection of natural persons with regard to the processing of personal data and on the free movement of such data, and repealing Directive 95/46/EC（General Data Protection Regulation）（Accessed 2018-5-31）

6 2018年5月24日付「日本経済新聞」。

7 Brexitの背景についてはすでに多くの著書が出版されている。たとえば，H.D.Clarke, M.Goodwin & P.Whiteley (2017), "Why Britain voted to leave the European Union" Cambridge University Press.

8 2017年4月21日付「日本経済新聞」。

9 本協定の内容は，外務省「日・欧州共同体相互認証協定」参照。https://www.mofa.go.jp/mofaj/area/eu/s_kyotei/（参照2018-5-31）

10 詳しくは拙文（2018），「EUの対外通商関係」，田中・長部・久保・岩田著『現代ヨーロッパ経済 第5版』有斐閣，415-419ページ参照。

11 Jacob Viner (1950), The Customs Union Issues, (New York: Carnegie Endowment for International Peace).

12 拙文（2018），「EU経済と産業」，田中・長部・久保・岩田著『現代ヨーロッパ経済 第5版』有斐閣，194-196ページ参照。

13 より詳しい内容は，ジェトロ（2018），「協定の着眼点とメリット：妥結した日EU・EPAの活用に向けて」を参照のこと。https://www.jetro.go.jp/biz/areareports/special/2018/02/324a8017f77b7a76.html（参照2018-5-31）

14 外務省（2017），「日EU経済連携協定（EPA）に関するファクトシート」参照。https://www.mofa.go.jp/mofaj/files/000270758.pdf（参照2018-5-31）

15 拙文（2018），「EU経済と産業」，田中・長部・久保・岩田著『現代ヨーロッパ経済 第5版』有斐閣，188-199ページ。

● **参考文献**

久保広正(2003)『欧州統合論』勁草書房。
久保広正・田中友義編著(2011)『現代ヨーロッパ経済論』ミネルヴァ書房。
細谷雄一(2016)『迷走するイギリス-EU離脱と欧州の危機』慶應義塾大学出版会。
田中素香・長部重康・久保広正・岩田健治(2018)『現代ヨーロッパ経済 第5版』有斐閣。
FTAビジネス研究会編著(2014)『FTA/EPAでビジネスはどう変わるか』東洋経済新報社。
Capello,R. (2000), *The City Network Paradigm: Measuring Urban Network Externalities*, Volume: 37 issue: 11, page(s): 1925-1945, Urban Studies.
Chinitz,B (1961), *Contrasts in Agglomeration: New York and Pittsburgh.*
Pred, A (1977), *City-systems in advanced economies : past growth, present processes and future development options, Routledge.*
Krugman.P (1991), *Geography and Trade.*(北村行伸ほか訳(1994)『脱「国境」の経済学』東洋経済新報社)
Scarpetta, Vincenzo and Booth Stephan (2016), "How the UK's financial sector can continue thriving after Brexit", *Open Europe Report 10/2016.*
European Commission (2017), *White Paper on the future of Europe: Reflections and scenarios for the EU27 by 2025.*
European Commission, *European Economy*(各号) lll.

◆ Summary ◆

Due to the withdrawal of the U.K. from the EU (Brexit) and massive refugee inflow from the Middle East, the future of the EU seems to become uncertain. On the other hand, the EU's market has a population of 500 million and its GDP reaches over 16 trillion dollars. Therefore, Japanese industries have tried to exploit the EU market. Their operation appears to have shifted from trades to investments; by realizing so called "production fragmentation" strategy; fragmentating production-chains and deploying them into several member states.

One example of this strategy is establishing R&D centres in Germany or the U.K. and assemble plants in Hungary. After the Brexit, they will lose the U.K. as their European centres and, as a result, they will have to reorganize their EU strategies, by shifting their European operation centres from London or the U.K. to, say, Frankfurt as a financial ceutre or Germany/France as production sites.

第 6 章

公共サービスの再生
―ベルリン水道公社の再公営化―

宇野　二朗

◆

1　はじめに

　欧州各国では人びとの生活に不可欠なサービス，たとえば水供給，下水道処理，廃棄物処理，公共近距離旅客交通，あるいは電力供給などを「公共サービス」という概念で捉えてきた。イギリスでは「公益事業（*public utilities*）」，フランスでは「営業的公役務（*services publics industriels et commerciaux*）」，ドイツでは「生存配慮（*Daseinsvorsorge*）」とよばれ，欧州連合でもそれは「一般的経済利益サービス（*services of general economic interest*）」と概念化されている。

　これらの公共サービスに関する議論の中心は，過去20年以上にわたり自由化や民営化であり，いくつかの事業分野では実際に自由化や民営化が行われてきた。そしてそうした変化を背景に事業運営にあたる管理者たちの役割認識は，需要充足を中心とした政策的目標の自発的な実現を目指すものというよりは，企業的なものへと変化していった（Edeling, Stölting and Wagner 2004）。

　しかし，2000年代に入るとそうした傾向は見直されつつあるように見える。特に2008年の金融恐慌以降，一たび民営化された事業を再び買戻す，あるいは契約期間の終了とともに民間企業に対する委託を止める動き，すなわち「再公営化（Remunicipalization）」の傾向が見られるようになっている（宇野2015；2016a）。ドイツは電力事業，および水道事業におけるいくつかの顕著な事例を中心にその典型的な例として取り上げられている。

　とはいえ，再公営化とは，規制枠組みおよび運営のあり方の点でかつての公

企業への単純な回帰を意味しているわけではないという見方も存在する（Bönker, Libbe and Wollmann 2016；宇野2016b）。はたして再公営化は「民間化」に対して公共サービスの再生を意味するのだろうか。再公営化が事業運営に対してどのようなインパクトを持ったのかを検討する必要があるだろう。

本章ではドイツの首都ベルリン都市州（以下，単にベルリン市と表記する）の水道事業を題材として取り上げる。1990年代に公社化，そして続けて民営化を経験した後に，2010年代に入って再公営化されたベルリン市の水道事業を題材として，民営化や再公営化がその運営に対してどのようなインパクトをもたらしたのかを検討してみたい。

2　民営化・再公営化を評価する枠組み

2-1　水道事業の3つの論理

水道事業のような都市インフラストラクチャーの民営化・再公営化のインパクトとは何か。ここではヴォルマン（Hellmut Wollmann）による「運営の論理（operational logic）」を参照し，それに対する影響としてインパクトを検討することを試みたい。彼は，電力・水道などの都市インフラストラクチャーを題材として「運営の論理」の変化を「組織形態（organizational form）」の変化（民営化／再公営化）と関連づけて，独・英・仏・伊の比較歴史分析を行った（Wollmann 2014）。ヴォルマンによれば運営の論理とは「サービス提供のプロセス，パフォーマンス，アウトプットを導く」原則，あるいは論理であり，「経済の論理（economic logic）」と「政治の論理（political logic）」とに大別される（Wollmann 2014, p.50）。経済の論理は，経済効率性（経済的効用・利益の最大化と費用の最小化，社会的・環境的費用の外部化を含む）を指し，利益追求と私的関心とを最重要な主題とし，また空間的には境界なき「資本主義市場」を参照枠組みとする。これに対して政治の論理は，政治的，社会的，環境的などの広範囲の目的や効果と関連し，仮に目的間にコンフリクトがある場合には経済的な目的よりも政治的，社会的，環境的な効果を優先させる。こうした政治の論理は典型的には公共の関心を抱き公共善や地域コミュニティーの利害に結びつ

いている者，すなわち，選挙で選ばれ，説明責任を負う意思決定者としての議員によって採用される（Wollmann 2014, p.50）。

　こうした「経済の論理」と「政治の論理」の2分類はフッド（Christopher Hood）による公共経営の中核的価値の議論によって補完されうる。フッドはNPM（New Public Management）の特性を明らかにした著名な論文（Hood 1991）において公共経営の中核的価値としてシグマ型，シータ型，ラムダ型からなる3類型を掲げた。シグマ型とは「無駄がなく，目的志向」であって「節約」を成功の基準とし，シータ型とは「正直に，公平に」あることを理想とし「公正」を成功の基準とする。これに対してラムダ型は「頑健で，弾力的」であることを重視し「強靱」が成功の基準となる。

　こうしたフッドの分類は一部でヴォルマンの分類と重なる。フッドの分類では行政組織が対象となっていることから利益極大化のような民間企業を想定した基準は示されていないが，シータ型で節約が強調されることからこの型がヴォルマンによる「経済の論理」と結びつけられるだろう。またシータ型で言及される「公正」は主に手続的なそれであるが，これを広く捉えて社会的・環境的な意味での「公正」と捉えるならばヴォルマンの「政治の論理」と重なり得る。このように考えるならばフッドの分類の独自性はラムダ型を示したことにある。そしてラムダ型が示す頑健や強靱を中核の価値とする公共経営のあり方は都市インフラストラクチャーという技術システムの運営において見逃すことはできない。

　以上の議論から，ここでは水道事業の運営論理として3つの理念型，「経済・節約の論理」，「地域民主制の論理」，「専門家・技術の論理」を設定してみたい。

　3つの論理がどのような点で異なり，また各々どのような特質を持つのか中核となる価値，目標達成の基準，担い手の経営目的，担い手の自己認識の4点について明らかにしておこう[1]。

　第1の論理は「経済・節約の論理」である。水道事業経営は企業としての側面を持ち，経済的な意味での効用や利益を最大化する一方で費用を最小化し，経済的効率性を追求する。市場において自由に利益を獲得することが許されている場合には，営利経済性や商業性を求める姿勢から新たな収益獲得のために自区域外の市場開拓にも積極的となり，そこから生じる利潤を最大化しようと

するだろう。他方，原価主義の料金設定が原則であり，区域外活動の制限が設けられている場合にはそうした施策を採り得ないために，コスト面に関心を集中させ，経済効率化あるいは節約が中核的な価値となるだろう。こうした運営論理の下で成功はお金・コストや時間という尺度で測られることとなり，利益を獲得し最大化することや節約をすることこそ経営の目的となる。そして担い手は自らを企業と見なすだろう。市場の規制が強い場合には継続企業としての側面が強調されることとなるが，市場の規制が緩和されている場合には営利企業性が強調されることとなる。民営化と再公営化の運営論理への影響を評価しようとするときには営利企業志向の強弱が主要な基準となるだろう。

　第2の論理は「地域民主制の論理」である。この論理では水道事業が公的部門，とりわけ地方自治体の一部であることが強調される。その他の行政分野と同様に水道事業でも公正さが重視される。特に地方自治の観点から地域民主主義，すなわち住民の手による水道事業であることが求められる。そうした手続面と同時に事業運営の内容面では社会的な公正さや環境への配慮が重視されることとなるだろう。こうした手続面と内容面での公正さを確保することで市民や利用者からの信頼，同意あるいは正統性を獲得することが成功の基準となり，その実現が経営の究極的な目的となる。こうした論理は地域的自治団体としての側面や非営利組織としての側面が前面に出るものといえる。

　第3の論理は「技術・専門家の論理」である。水道事業は都市インフラストラクチャーの典型であり大規模な技術システムそのものである。さらに水道事業の原材料たる原水は自然のものであることからその安定的な調達は自然の状況に大きく左右されるものである。こうした技術的な特性を持つことから水道事業には水理学，土木工学，衛生工学などの工学が不可欠であり，水道の創設は技術者によって担われてきた。こうした技術者たちは困難な課題も技術によって解決するという技術への信頼を共有していたことだろう。技術システムそれ自体に焦点を合わせた技術者たちの中核的な価値は，外的な変化にも関わらず安定的に機能できる技術システムの頑健性や弾力性であろう。それゆえ当然に目標達成の基準は安全や生存と表現でき，さらに技術システムへの信頼性の確保とも表現できる。担い手たる技術者たちにとって需要や質的な必要に応えてそれを充足すること，その実現のために技術革新を進めることが経営目的

となるといえる。こうした論理の下では水道事業の担い手は技術者であるとともに行政官でもある。技術官僚として自己を認識するだろう。

2-2 運営論理の操作化——各論理の定性的指標

どの運営論理に属するものであるかを評価するために実証的で観察可能な指標を予め設定しておくことが必要となる。各指標の評価は，高水準，中水準，低水準の3段階の定性的な基準に基づいて行われる。こうした定性的な評価は本論では時系列の比較による。指標と定性的な基準は**図表6-1**の通りである。

図表6-1　運営論理の定性的指標

	経済・節約の論理	地域民主主義の論理	技術・専門家の論理
強い	(1) 経費削減等による低い料金原価 (2) 収益性の高さ（民間側への支払を含む）	(3) 意思決定過程への多様なアクターの参画（大臣以外の議員や市民） (4) 広範囲の福祉的配慮（低所得者に対する料金減免など）	(5) 高水準の建設投資 (6) 水道施設に関する業績指標の改善・高水準
中間	(1) 経費削減等による中程度の料金原価 (2) 中程度の収益性	(3) 民主的なアクターによるトップダウンの意思決定過程 (4) 中程度の福祉的配慮（低所得者に対する料金減免など）	(5) 中程度の建設投資 (6) 水道施設に関する業績指標の中程度の水準
弱い	(1) 高い料金原価 (2) 低い収益性	(3) 非民主的なアクターによる意思決定過程 (4) 福祉的配慮（低所得者に対する料金減免など）の不存在	(5) 低水準の建設投資 (6) 水道施設に関する業績指標の悪化・低水準

（出所）　独自作成。

2-3 方法と資料・データ

本章はベルリン水道公社の単一事例研究である。部分的民営化が行われていた2000年から2013年と再公営化が実施された2013年から2016年の時期区分に留意しつつ17年間の変化を追跡する。ベルリン水道公社のように部分的民営化と

再公営化を経験した大都市水道事業はドイツ国内に存在せず，そのためベルリン水道公社の事例は際立った特徴を持つ。

改革の過程に関してはすでに多くの研究が行われていることから主に二次文献によることとし，重要な局面については『営業報告書』，プレスリリース，ローカル新聞などによって事実を確認した。他方，主に定性的指標の評価においては主に『営業報告書』の会計情報を利用した。

3　改革過程

3-1　出発点

ベルリン市の水道事業を担うのは，1994年以降，ベルリン水道公社である。ベルリン市の水道事業の歴史は1853年のベルリン水道会社設立まで遡ることができる。このとき20年間の契約により英国企業に特許したが，その契約が終了する1873年にはベルリン市政府がそれを買収（公営化）した。1924年にはベルリン市立水道株式会社が設立され，その後，1937年に地方公営企業形態（Eigenbetrieb）へ移行された（Bärthel 1997）。1949年のベルリン分断に伴い東西に分断された。西側では1988年に別々に経営されていた上下水道事業が統合されていた。1992年，ドイツ再統一に伴って東西ベルリン市の上下水道事業が統合されることとなった。1993年に地方公営企業形態から「営造物法人」（Anstalt des öffentlichen Rechts）へと移行されることが決定され，1994年から実際に移行した。

営造物法人化はドイツ再統一後，総じて低迷するベルリン市において成長を目指すための制度改革であった。営造物法人は間接営の公法人であり，それゆえに一方では公共性の確保が具体的に義務づけられていた。建設投資，料金，環境保全，事業領域，組織構造に関する目標規準が規定された。その一方で独自の法人格を持つことから直営形態に比べて成長を目指すための経営の自由が許容されていた。予算法令からの広範な自由や独自の料金決定権が認められただけでなく，区域外での活動，子会社の設立などが認められることで，ベルリン水道公社は周辺地域の上下水道事業の運営を受託し，また子会社を設立して

廃棄物リサイクル事業や電気通信事業への進出が可能となった。1997年頃からは海外子会社を設立し国際展開が図られた（宇野 2004；2017）。

1990年代,ベルリン市の人口は1990年の343万人から2000年の338万人へと微減していた。また実質州内生産が高くても1％弱の成長であり,時としてマイナスとなるほどに景気も低迷していた。そして財政収支も悪化し,負債残高は大きく膨らんでいた（宇野2009）。こうした中で地方公営企業であった上下水道事業には州法によって新たな公法人形態が与えられ,より商業的な経営に乗り出した。

3-2 部分的民営化

ベルリン市における水道事業の部分的民営化は,市の財政赤字の穴埋めをするという財政目的が前面に出たものであったが,他方で都市の成長戦略として位置づけられてもいた（Beveridge 2011）。

実際に1999年に決定されたベルリン水道公社の部分的民営化では「持株会社方式」とよばれる枠組みが採用されることとなった。その要点は次の6点にまとめられるだろう（Ochmann 2004；宇野 2004；2017）。

第1に,ベルリン市において水道事業を担う組織は営造物法人であるベルリン水道公社のまま変化はなかった。ベルリン市の公法人たる性格は維持された。

第2に,民間企業は部分的民営化に参画するために合弁企業を設立した。

第3に,公法人であるベルリン水道公社への民間合弁企業の参画を可能とするために,民間企業による合弁会社とベルリン市による共同の持株会社（ベルリン水道持株会社）が設立された。ベルリン市が50.1％,民間企業の合弁会社が49.9％の出資割合であった。

第4に,この持株会社は匿名組合契約によって公法人であるベルリン水道公社に49.9％の持分割合で参画した。この持株会社の下にはベルリン水道公社だけでなく,それ以外の子会社も属した。

第5に,民間企業とベルリン市との間ではベルリン水道公社や持株会社の経営に関して「コンソーシアム契約」を初めとした非公開の契約が締結された。

第6に,参画に成功した民間企業側は契約に際していくつかの条件を提示した。その中には2003年末までの料金据置き,2014年までの雇用保障,2009年ま

でに一定の建設投資を行うこと，水道技術に関するセンターを建設することなどが含まれていた。

　もちろんこの民営化案に対して反対運動も起きた。労働組合は大規模なストライキを組織し反対運動を展開し，また野党会派は部分的民営化法の違憲訴訟を提起するなどした。労働組合は公法人としての地位や2014年までの雇用維持の約束を得ることに成功した。野党会派は一部で部分的民営化法について違憲判決を得たがそれによって民営化を阻止することはできなかった（Fitch 2007; Beveridge and Neumann 2013; Blanchet 2015）。

　とはいえ，こうした反対運動は部分的民営化の枠組みに影響を与えた（Fitch 2007）。反対運動を展開していた労働組合からの支持を得る必要があったこと，また下水道事業での非課税を維持するために営造物法人としての法的地位を残す方式，すなわち持株会社方式が最終的には採用されることとなった。複雑な部分的民営化の枠組みは妥協の産物であった（宇野2017）。

3-3　再公営化へ

　ベルリン水道公社の民営化後，政権交代が行われた。1999年の民営化はCDU（ドイツキリスト教民主同盟）・SPD（ドイツ社会民主党）の大連立政権の下で行われたが，CDU政治家のスキャンダルから2001年に政権交代が行われ，SPD・PDS（民主社会党。後にDie Linke左派党）の赤赤連立政権が成立した（大黒2003a；2003b）。この連立政権の下で再公営化を求める動きが盛んとなったが，連立政権はむしろ再公営化に消極的であった。結局，2011年に成立したSPD・CDU大連立政権の時期に買戻しが実現した。

　市民参加の動きが再公営化を後押しした。確かに2001年政権交代で左派党のヴォルフ（Harald Wolf）が経済大臣にとなり料金算定基準の透明化などの再規制を実施した。そして2006年の連立協定には「再公営化」が盛り込まれてはいた。しかし2028年までの契約があり，その当時は経済的に不可能と考えられていた。こうした州政府の消極的な姿勢に対して，市民運動が活発となった。2006年，「ベルリン水円卓会議」（Berliner Wassertisch）が州法の改廃を求めることができる州民投票制度を活用し，秘密契約の公開を求めるキャンペーンを開始し，2007年には住民発案を行った。州政府は当時制定された情報公開に関

する新法以前の契約を民間企業に公開させるのは違法であると不許可にしたが，市民運動側はこれを巡って州憲法裁判所で争った。2009年10月，円卓会議側の勝利に終わった（Hüesker 2011）。

　こうした動きに対して州政府は独自に対応を重ねた。2010年夏，州政府は公企業における秘密契約禁止を法定した。2010年10月には民営化に関する秘密契約が新聞に掲載されると，追って州政府もそれをwebページで公表するに至った。

　これにより秘密契約の公開を求める住民投票の必要性はなくなったかに見えたが，住民運動側は付属書類も含めてすべての公開を求めて運動を続けた。2011年2月，秘密契約公開（円卓会議提案の公開法）への住民投票が行われ，これが成立したことで州政府はすべての契約を公開することを余儀なくされた。なお，州民投票の成立要件は，①過半数，②有権者の25％以上（約620,000）であったが，666,635（有権者の27％，98.2％の賛成率）の賛成票を集めた（Die Landesabstimmungsleiterin Berlin 2011）。

　しかし，再公営化はこの動きから直接導かれたわけではなかった。州政府は住民投票が行われる前の2010年頃から再公営化の交渉を開始していた。そして2011年の大連立政権の下で2012年に民営化の相手方の1社であるRWE社からの買戻し（654百万€）が実現し，その翌年2013年にもう1社のVeolia社からの買戻し（590百万€）が実現した。これにより再公営化が実現した。

　なお，州政府は再公営化にかかる費用を借入により支払い，ベルリン水道公社の将来の利益によって償却する（買戻しをした場合とそうでない場合を比較した場合，買い戻した方が経済的という計算）方式を採用し，再公営化後は州政府がベルリン水道公社を直接所有するようになった。

4　運営論理の変化－定性的指標による事業運営の評価

4-1　指標1：費用削減

　まず経済・節約の論理を示す指標として費用削減を取り上げよう（**図表6-2**）。

民営化が深まっていくにつれて人件費を中心に費用は削減された。民営化の際に2014年まで従業員の整理解雇を行わないことが労働組合との間で約束されていたため，経営効率化はそれ以外の手段によって行われた。民営化から10年後の時点（2008年）に行われたWIKコンサルト社の評価においては，人件費の削減は退職不補充や早期退職の導入などによって進められ，民営化の深化する1999年から2008年の間に約10％が削減されたが，一方で専門的な研修を充実し，またその受講率を9割強まで引き上げたことで外部委託が内製化され，これが委託費等の経費の削減を可能にした，とされていた（Oelmann et.al. 2009, pp.31-34）。しかし，図表6-2からわかる通り，減価償却費とその他営業費用の高まりは人件費削減の効果を帳消しにし，営業費用合計はむしろ増加していた。

　再公営化が行われるのは2012／2013年のことであるが，すでに2011年頃から営業費用の傾向に変化が見られていた。減価償却費はそれ以前までと同様に増加傾向にあったが，人件費は2006年頃からの横ばいの推移から明らかに増加に転じた。なお，2014年に営業費用合計は減少したが，これは減価償却費と人件費を除いた「その他営業費用」で生じた減少であった。

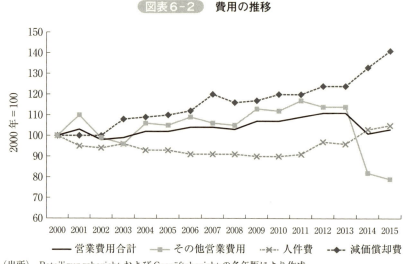

図表6-2　費用の推移

（出所）　BeteiligungsberichtおよびGescäftsberichtの各年版により作成。

確かに民営化期において営業費用合計は増加傾向にあったが，その主因である減価償却費が過去の投資を反映したものであることを考慮に入れると，民営化が深まるにつれて費用削減が進んだとするWIKコンサルトの評価は正当であろう。特に2006年頃までの民営化期では費用削減志向は確かに「強い」と評価される。そしてその頃が「強い」と評価されるならば，再公営化後は少なくとも人件費についての削減圧力は減っていることから「中位」と評価できるだろう。

4-2　指標2：料金水準と収益率

次にやはり経済・節約の論理の指標として料金水準と収益性について見てみよう。

料金水準は常に議論の的であった。民営化が行われる際の条件では2003年までの料金据置が定められていたことから2003年までの料金水準は一定であるがその後は2006年頃にかけて料金が毎年上昇し，約27％の上昇となった。2006年時点ではさらに2009年まで毎年2.5％の値上げが予定され，2009年までの値上

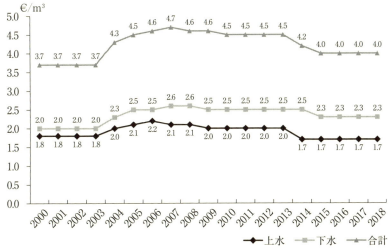

図表6-3　ベルリン水道公社の料金水準

（注）　雨水費は除く。
（出所）　ベルリン水道公社のwebページのデータに基づき作成。

げ率は約30％に達すると指摘されていた（Passadakis 2006）。

　実際の料金水準の変化を示したのが**図表6-3**である。この図表から2004年から2006年頃まで水道料金が値上げされていたことがわかる。

　もっとも，その後はほぼ横ばいで推移していたが，再公営化とほぼ同時期の2014年頃には値下げが行われている。この値下げは直接的にはカルテル庁からの値下げ勧告に従ったものであったが，このカルテル庁による料金査察自体が再公営化を巡る政治過程の一環であるという指摘もあることから間接的には再公営化の効果であったと言ってもよいだろう。再公営化された水道公社は改めて料金算定を行い，この料金水準を2018年まで維持することを表明したことからもそうした見方は支持されるだろう（後に2019年までとした）。

　こうした料金上昇の評価は一定しない。民営化期の料金上昇は理由のあるものであり許容範囲内とする意見[2]も見られる一方で（Oelmann et.al. 2009），民営化に批判的な見方はこの料金値上げは民間企業側への利益保障に由来するものであると考えた（Passadakis 2006）。すなわちこの民営化の契約では実際の利益額に関わらずに民間企業側に経営資本に対する一定率の配当が約束されていたことが料金値上げをもたらしたというのだ。ベルリン市と民間企業の水道公社に対する出資割合は51.1％と49.9％であったが，1999年から2003年までのそれぞれへの支払い額を見ると市側に支払われた額に対して民間企業側にはその約2.7倍が支払われたと主張された（Passadakis 2006, pp.27-28）。しかも2003年の部分的民営化法の改正によって民間企業側に保障される利益率は最低でもドイツ国債利率の10年平均（2004年には6％）とされ，それ以上の利益率とすることも柔軟に行えるようになったということ，また同時に契約の改訂によって市側がコンセッション料を免じるとしたことなど，民間企業側への支払いを優先するさまざまな対応が批判された（Passadakis 2006, p.29）。

　こうした批判に対して，民間企業側の投下資本利益率は高すぎるわけではないという見解もあった。たとえば業界団体によれば水道事業における自己資本利益率は6％から7％程度とされているところ，部分的民営化後の10年間の年平均の投下資本利益率は税引き前で6.45％とそれと同程度であった。なお40％の税率を考慮すると平均の利益率は3.87％であったという（Oelmann et.al. 2009, pp.67-70）。

図表6-4は，費用として民間企業側へ支払われる額を利益に上乗せする修正を施した後の総収益利益率の推移を示したものである。これを見ると損失を生んでいた子会社を整理したことにより赤字となった2001年度を除き黒字であったことがわかる。しかも料金据置の期間が過ぎた2004年からの総収益利益率（修正後）は16％から26％程度で推移し，決して低いものではない。この時期，民間企業側への支払いに充てられていた分は総収益に対して10％から最大で15％程度であった。再公営化と同時期に行われた料金引下げ幅は約15％であり，民間企業側への支払いに充てられていた分とほぼ同程度であった。

以上に見たように民営化期，特に料金据置期間の過ぎた後には民間企業側の利益保障が優先された結果，そのための値上げを行うほどに利益志向の程度が強くなっていたことが確認できるだろう。これに対して再公営化後には少なくとも民間企業側への支払いに充てられていた額に相当する分だけ値下げが行われ，利益率も低下した。また，引き下げた料金水準をさらに維持しようとする姿勢は利益志向の低下を示すだろう。もっとも，それでも利益獲得それ自体は否定されたわけではなく，その意味では再公営化の「経済・節約の論理」の程度は「中位」と評価するのが適当だろう。

図表6-4 総収益利益率（修正）の推移

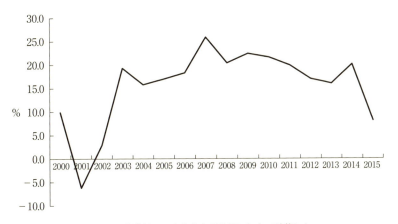

（注） 費用に含まれる民間企業側への支払分を利益額に加えて計算した。
（出所） Beteiligungsbericht および Gescäftsbericht の各年版により作成。

4-3　指標3：意思決定構造と利害関係者の参加

　地域民主主義の論理の指標として，まず，意思決定構造と利害関係者の参加について見てみよう。

　民営化期には，ベルリン水道公社の意思決定構造は閉鎖的であり，透明性の欠けるものであったと評価されている（Lieberherr, Klinke and Finger 2012）。ベルリン水道公社の意思決定は重要意思決定については監査役会が担い，日々の執行に関する決定を取締役会が担う二重構造であった（宇野　2004；2009）。取締役会の議長には民営化の実施以降，民間企業側から選出された者が就き，また監査役会（経営者側と従業員側が半数ずつ）の経営者側の議席数の半数は民間企業側が選任することとなっていた。確かに監査役会の議長はベルリン州政府の大臣が務め，経営者側の半数をベルリン州政府が選任した者が就き，また監査役会の人事権などを持つ株主総会に相当する「保証人総会」の構成員はベルリン州政府の大臣・次官のみであり，ベルリン州政府の影響力の確保が意図されていたが，監査役会や取締役会の人事は民間企業側との契約に別に定められているなど，実際の経営権は民間企業側に移されていた。

　さらにベルリン州政府から関係できる者は州政府大臣や次官（政治的官吏）に限られることから与党会派の議員に限られることとなる。ベルリン州議会にはベルリン水道公社を扱う特別委員会が設定されているが，経営計画の策定や料金決定などの重要決定権限は原則として監査役会限りで行えることから野党会派の議員の影響力は大きくない。

　また上記のベルリン州議会の特別委員会もベルリン水道公社の監査役会も非公開で実施されていることからそこでの議論の様子を知ることはできず，また民営化に関する契約それ自体が非公開となっていた。

　こうした状況が再公営化によって劇的に変化したわけではないが，わずかな変化は見られた。すでに見た住民投票の過程で民営化に関する契約は公開され，再公営化が進められることとなったことから情報公開の改善が再公営化をもたらした一因とはなっているが，再公営化後にも営造物法人形態に変更があったわけではないため原則として上記の統治構造に変化があったわけではない。もっとも民間企業の参画が解消されたことから監査役会や取締役会から民間企

業側から選出された者がいなくなった点は変化した点といえるだろう。これにより監査役会内での民間企業側とのコンフリクトがなくなり，政府側の意見がより直接的にベルリン水道公社の経営方針に反映されるようになったといえるだろう。とはいえ，野党会派の意見が反映されるルートが存在しない点には変わりない。再公営化後に顧客諮問会議が設立され，限られたものなのではあろうが，一般顧客の声を聴く制度が組み込まれた点も再公営化に伴う変化の1つといってもよいだろう（宇野 2015）。

このようにベルリン水道公社の意思決定構造は，営造物法人形態が間接営形態であることを色濃く反映して閉鎖的なものであった。州政府に入る与党議員のリーダーシップは民営化契約によって制約されていたこともあり，地域民主制の論理はその面で弱かったと評価されるだろう。これに対して再公営化はそれを強める方向に作用したが，やはり議会全体や市民の影響力が高められたわけではないことから「中位」と評価されるだろう。

4-4　指標4：社会的な配慮

もう1つの地域民主主義の論理の指標として社会的な配慮について見てみよう。

民営化の時期には社会的な配慮は総じて弱い。料金制度は均一料金制度であり，生活用水への配慮は特に見られず，また低所得者など社会的弱者に対する料金減免制度も特に見いだされない。また前述の通り雇用数の削減が続けられたことは，ベルリン市内の大雇用主としての立場を鑑みれば社会的な配慮への志向性は弱いといわざるを得ない。ただしこの時期にも職業訓練を受ける研修生数は2008年頃まで390名前後で維持していた点には留意が必要だろう（2015年234名）[3]。

これに対して再公営化後は社会的な配慮は少なくとも「発言」のレベルでは強められた。再公営化後に公表された「営業報告書」ではベルリン水道公社の経営戦略として，①料金，品質，地域への参加，効率，雇用面での役割を果たすこと，そのために持続的な投資と雇用確保（4,500人以上）を行うこと，②地域経済・知識のパートナーとして価値創造と能力開発を保証し，エネルギー転換の推進者となること，③「将来世代にも上下水道を保障するために，環境，

経済，社会の利益のバランスをとる」こと，それをバランススコアカードに反映することが挙げられていた（Berliner Wasserbetriebe 2015）。

もっとも実際に実行に移されたことはまだ少ない。たとえば，後述の通り，投資額は民営化の時期に比べて減ったわけではないが増えたわけでもない。また雇用数も確かに減少から増加に変化したが4,500人の目標値はまだ達成していない。エネルギー転換に向けて再生可能エネルギーの発電事業を営む子会社（「ベルリン・シュタットベルケ」）を設立したがその事業規模はまだ小さい（宇野 2015）。料金制度については特に変更はない。職業訓練の研修生に対する職場提供に力が入れられているが，現時点では民営化の時期の最大値よりも少ない。

こうした諸点を合わせると再公営化後のベルリン水道公社の社会的配慮は特に「発言」の面では強まったが，実行が少なくとも現時点では十分に伴っていないことから「中位」との評価に留まるだろう。

4-5　指標5：投資規模の推移

専門家・技術の論理の指標として投資規模について見てみよう。

ベルリン水道公社では1990年代，特に前半から半ばにかけては東西統合のために巨額の建設投資（1994年，約700百万ユーロ）を行ったが，それも1990年代には落ち着いていた（400百万ユーロ程度）（宇野 2004）。民営化後には300百万ユーロ弱の水準でほぼ横ばいに推移した。

これは再公営化後もあまり変わりない。むしろ250百万ユーロの水準へと低下している。もっとも将来的にはこの投資額が若干上昇していくことが予想はされている。

このように少なくとも投資規模を指標とする限り民営化の時期と再公営化された後で投資行動に大きな違いは見いだせない。

4-6　指標6：施設水準の業績

では，そうした建設投資で施設水準はどの程度保障されているのだろうか。水質には大きな問題が生じていないことを前提として，ここでは漏水の状況を管路施設の水準を表す指標として利用した。漏水率の数値が直接得られなかっ

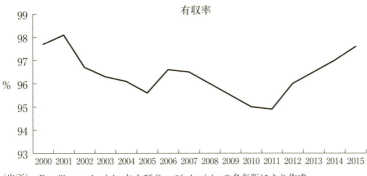

図表6-5　有収率の推移

（出所）　Beteiligungsbericht および Gescäftsbericht の各年版により作成。

たことから有収率（＝有収水量÷総配水量×100）を用いた（**図表6-5**）。

　旧西ベルリンでは漏水率が数パーセントまで低下し，非常に良好な状態にあった。旧東ベルリンの漏水率は東西統合時に高かったが，それも1990年代の巨額の投資を経て改善されていた。それゆえ漏水が少なければ数値が高まる有収率の値は民営化が開始された2000年には約98％弱と極めて高かった。しかし，民営化後は2011年の約95％に向けて若干の例外を除き低下傾向にあった。再公営化後は改善の傾向にあり，2015年には民営化開始時点にほぼ戻った。とはいえ，95％の有収率は水道事業では一般的に高い水準にあることには留意が必要だろう。

　以上からベルリン水道公社の専門家・技術の論理の程度は若干の差はあるだろうが，現時点では民営化の時期も再公営化後も「中位」程度と評価できるだろう。

5　おわりに

　ここまでの各指標をまとめると次のようになるだろう（**図表6-6**）。民営化の時期と比べて再公営化後には経済・節約の論理の程度は中位へと弱められる一方で，地域民主主義の論理の程度は中位へと強められた。都市インフラストラクチャーの物理的側面に対する運営の論理ともいえる，技術・専門家の論理

の程度には大きな変化は見いだされなかった。

　このように民営化から再公営化へと所有の構造や組織のあり方は大きな変化を経験したが，それに伴う運営論理の変化は必ずしも劇的なものではなく，緩やかなものであった。企業性を否定しない程度に経済・節約の論理の程度が弱められ，同時に地域民主主義の論理の程度が強められたといえるだろう。

　以上の評価は，もちろん単一事例によったものであり，また再公営化が行われてからまだ日が浅いこともあるため，あくまでも仮の評価の域を超えない。とはいえ，少なくともベルリン水道公社において現時点で再公営化が経済・節約の論理を緩やかに弱めていることは強調されてもよいだろう。料金の引下げ

図表6-6　各指標の要約と各事例における各「運営論理」の強さ

	経済・節約の論理	地域民主主義の論理	技術・専門家の論理
ベルリン民営化期 2000-2012	強： 人件費を中心とした費用削減（ただし減価償却費は増加し営業費用は減少していない） 民間企業への支払いのために，料金値上げが行われた高い利益率が確保されていた	弱： 閉鎖的，非公開の意思決定構造（民間企業の影響力が大きい） 料金制度上の配慮はなく，また雇用を削減（ただし研修生数は比較的多かった）	中： 投資額は300百万ユーロ程度で横ばいに推移 有収率は若干低下したが，それでも最低が95％と水準は高い
ベルリン再公営化後 2012-2015	中： 費用削減の傾向は続いているが，人件費は増加に転じた。 民間企業への支払いがなくなり，その分の料金値下げが行われ，利益率も下がった（ただし利益計上は続けられている）。	中： 閉鎖的，非公開の意思決定構造に変わりはないが，民間企業選出者がいなくなることで関係大臣・次官の意向は反映されやすくなった。また消費者諮問会議が新設された。 社会的・環境的配慮が経営戦略に明確に位置づけられるようになったが，実現された程度は現時点で低い。	中： 投資額は300万から250万ユーロ程度に若干低下した。 有収率は98％弱に改善

（出所）　本文に基づき作成。

という形で，民間企業側に支払われていた分が一般の需要者に対して余剰分が再配分された形といえるだろう。

　再公営化は，過去20年近く続く自由化や民営化の路線を完全に否定したとは評価できないだろうが，その経路をわずかに変える結果をもたらしたのではないだろうか。そうしたわずかな経路の変化が今後公共サービスの再生に向けて大きな社会の変化をもたらすかどうかは，再公営化に対する社会の側からの応答と，それを踏まえた今後の事業運営の積重ねにかかっているといえよう。

(付記) 本研究はJSPS科研費17K03553の助成を受けた研究成果の一部である。また2017年度日本地方自治学会研究会（2017年11月19日，専修大学）における報告（「地方公共サービスの民営化・再公営化の評価：ベルリン市上下水道事業を事例として」）に加筆・修正を加えたものである。

●注
1　なお，各型の特徴を弁別する基準として，Hood (1999) は「成功・失敗の基準と「通貨」，制御の強調点，無駄の大きさ，目的の特性，情報の特性，結び付き」を挙げ，Suzuki (2003) は「一群の長期的利益と政策目的，政策形成に対する行為のガイドライン，政策パフォーマンスを判断する一群の価値」を挙げた (Suzuki 2003, p.22)。またMayer et. al. (2013) は「合理性，正統性，ビジョンとミッション，中核となる価値，評価基準と関心の的，ガバナンスの形態，雇用者の地位」を挙げている。
2　次の7つの理由が挙げられている。①平均的な使用量の水道料金は全国平均よりも安い（ただし下水道使用料は高い），②1990年代の大規模な建設投資の減価償却費が料金水準を引き上げている，③全国平均と比べて水需要の減少幅が大きい。④基本料金による料金回収率が低い。⑤取水料金単価が他州に比べて著しく高い。⑥2003年末までの料金水準凍結の影響がその後に調整されている。⑦部分的民営化以前の料金上昇率の方が高い (Oelmann et.al. 2009, pp.48-61)。
3　なお2007年からは導入された基本料金を伴う二部料金制度は両面的な性格を持った。一方で水道管の口径の大きさに従って基本料金が異なることになるため多量使用者よりも生活用水使用者は配慮されることとなるが，他方で均一料金制度と比べると水使用量に関わらずに固定的に負担するべき基本料金の存在が生活用水の水道料金を高めることにつながる。このためここでは二部料金制度導入については評価していない。

● 参考文献

Bärthel, Hilmar (1997), *Wasser für Berlin. Die Geschichte der Wasserversorgung*, Verlag für Bauwesen.

Beveridge, Ross (2011), *A Politics of Inevitability: The Privatization of the Berlin Water Company, the Global City Discourse and Governance in 1990s Berlin*, VS Verlag für Sozialwissenschaften.

Beveridge, Ross and Mattias Neumann (2013) "The Berlin Water Company. From "Inevitable" Privatization to "Impossible" Remunicipalization," in Bernt, Matthias, Britta Grel and Andrej Holm ed., *The Berlin Reader. A Compendium on Urban Change and Activism*, Bieleferd:transcript Verlag.

Berliner Wasserbetriebe (2015), *Geschäftsbericht 2014*.

Blanchet, Thomas (2015), *Path Dependence and Change in the Governance of Organized Systems: The Case of Water Services in Three German Municipalities (1990-2010)*, Dissertationen am FB Wirtschaftswissenschaft der Freien Universität Berlin.

Bönker, Frank, Jens Libbe, and Hellmut Wollmann (2016). "Remunicipalisation Revisited: Long-term Trends in the Provision of Local Public Services in Germany." Public and Social Services in Europe. Palgrave Macmillan, London, pp.71-85.

Die Landesabstimmungsleiterin Berlin (2011), *Amtliche Information zum Volksentscheid über die Offenlegung der Teilprivatisierungsverträge*.

Edeling, Thomas, Erhard Stölting and Dieter Wagner (2004) *Öffentliche Unternehmen zwischen Privatwirtschaft und öffentlicher Verwaltung. Eine Empiliche Studie im Feld kommunaler Versorgungsunternehmen*. VS Verlag für Sozialwissenschaften.

Fitch, Kimberly (2007), "Water Privatisation in France and Germany: The Importance of Local Interest Groups," *Local Government Studies*, Vol.33, No.4, pp.589-605.

Hood, Christopher (1991), "A Public Management for All Seasons," *Public Administration* Vol.69, No.1, pp.3-19.

Hüesker, Frank (2011), *Kommunale Daseinsvorsorge in der Wasserwirtschaft*, oekom verlag.

Lieberherr, Eva, Andreas Klinke, Mattias Finger (2012), "Towards Legitimate Water Governance," *Public Management Review*, Vol.14, No.7, pp.923-946.

Oelmann, Mark, Iris Böschen, Claudi Kschonz and Gernot Müller (2009), *10 Jahre Wasserpartner Berlin. Eine Bilanz der öffentlich-privaten Parnerschft zwischen dem Land Berlin, RWE Aqua und Veolia Wasser*.

Meyer, Renate, Isabell Egger-Peitler, Markus A. Höllerer, and Gerhard Hammerschmidt (2013), "Of Breaucracy and Passionate Public Managers; Insitutitonal Logics, Executive Identities, and Public Service Motivation," *Public Administration*, Vol.92, No.4, pp.861-885.

Ochmann, Daniela (2004) *Rechtsformwahrende Privatisierung von öffentlich-rechtlichen Anstalten*, Nomos.

Passadakis, Alexis (2006) *Die Berliner Wasserbetriebe. Von Kommerzialisierung und Teil-*

privatisierung zu einem öffentlich-demokratischen Wasserunternhemen, Berlin und Brüssel.
Suzuki, Kazuto (2003) *Policy Logics and Institutions of European Space Collaboration*, Aschgate.
Wollmann, Hellmut (2014), "Public Services in European Countries between Public/Municipal and Private Sector Provision – and reverse?," in Carlos Nunes Silva & Jan Bucek, ed., *Fiscal Austerity and Innovation in Local Governance in Europe*. Ashgate, pp.49-76.
宇野二朗（2017）「公民連携の推進は水道事業をどう変えるか：ドイツの経験に学ぶ」『都市問題』第108巻第6号，71-80ページ．
――（2016a）「再公営化の動向からみる地方公営企業の展望：ドイツの事例から」『都市とガバナンス』第25号，16-34ページ．
――（2016b）「ドイツにおける地方公営企業の経営形態と再公営化」『公営企業』第48第7号，4-16ページ．
――（2015）「地方公営企業の展望：ドイツの経験を手がかりに」『公営企業』第47巻第3号，4-17ページ．
――（2009）「自治体行政改革の日独比較－ベルリンと東京の水道事業を事例として」坪郷實，Foljanty-Jost Gesine, 縣 公一郎編『分権と自治体再構築：行政効率化と市民参加』法律文化社．
――（2004）「地方公企業の組織改革―ベルリン水道公社を事例として―」『早稲田政治公法研究』第75号，171-198ページ．
大黒太郎（2003a）「二〇〇一年ベルリンにおける政権交代（上）：「連合形式」転換の政治過程」『行政社会論集』第15巻第4号，1-30ページ．
――（2003b）「二〇〇一年ベルリンにおける政権交代（下）：「連合形式」転換の政治過程」『行政社会論集』第15巻第4号．

◆ Summary ◆

In European countries, many of the public services were privatized during the 1990s; however, a new trend toward remunicipalization has been observed in some countries and policy fields during the 2010s. Has this revitalized public services? The present article examines how operation and management of public services have changed during the period of privatization and remunicipalization. In order to identify orientations of operation and management of public services, three types of operational logics as ideal types are employed: logic of economy, logic of local democracy, and logic of profession. Using quantitative and qualitative indicators of each logic, the case of the Berlin Water Company, which was partially privatized in 1999 and remunicipalized in 2012 and 2013, is studied. The findings of the case study are that remunicipalization has weakened the logic of economy and strengthened the logic of local democracy, but these changes have occurred only gradually. Moreover, it also appears that the logic of profession has not changed.

第7章
インフラ産業のグローバル化

野村　宗訓

1　はじめに

　エネルギー，水道，交通，郵便などの公益事業は，伝統的に法的独占の認められた事業者だけによって運営される規制業種であったが，1980年代以降の民営化・規制緩和（自由化）の潮流によりインフラ・ビジネスとして国境を越えた展開を見せている。欧州における市場統合は公益事業をインフラ産業に転換させ，グローバルな成長機会を与える役割を果たしてきた。加盟国政府は国有企業の売却により公的支出の負担を軽減することに成功したといえるが，事業者数が増加した環境下で公共サービスとしての供給を安定的に維持できているかについては，十分に検証されているわけではない。本章では欧州の中でも特にイギリスを中心としたインフラ産業のグローバル化の実態を把握した上で，規制改革に伴う問題点を指摘するとともに，今後の発展可能性を模索したい。

2　民営化と自由化の政策潮流

2-1　垂直分割による競争条件の整備

　公益事業は日常生活と生産活動に不可欠な財・サービスをネットワークに基づき供給している。電力・ガス・水道・鉄道のように独自の物理的ネットワーク施設を使用する業種と，通信の電波や航空の航路のような不可視的なネット

ワークによってサービスを提供する業種がある。伝統的経済学では，公益事業は「市場の失敗」として競争メカニズムの機能しない例外分野とみなされる。現実には，法的独占を認められた国有企業や政府系企業の下で財・サービスを供給するのが一般的であった。政府の関与は「ユニバーサルサービス」を達成し，安定的な供給を継続する観点から正当化されてきた。しかし，1980年代に国有企業や被規制企業の非効率な経営やそれに伴う累積債務の増加，硬直的な料金設定などが問題視された。

主要先進国では新自由主義が台頭し，政策運営において民営化と自由化が主流となり，公益事業の改革が急速に進められた。アメリカでは新しい経済学としてコンテスタビリティ理論が注目を集め，欧州の規制緩和の推進にも影響を及ぼした。この理論は潜在的参入を過大評価していると批判されることもあるが，規制改革において公平な競争条件の整備が重要であるという主張は実際の政策立案に寄与した[1]。現実の経済環境が技術革新や取引形態の転換期に入っていたことに加え，新たな経済理論による支えを受けて，公益事業は競争の機能するインフラ産業として大きく変容することになった。

自由化の制度設計において，公平な条件で企業間競争を促進する「アンバンドリング」という措置が注目された。これは既存企業の垂直的な組織をいくつかの別会社に分離する点で，恣意的な性格を帯びた自由化とみなされることもある。電力については，発電・送電・配電・小売供給の業務のなかで，物理的ネットワーク施設を保有する送電・配電部門を別組織にすることが求められる。これは地域独占に縛られることなく競争導入が可能な発電・小売供給部門のすべての事業者が，公平な条件で送配電部門にアクセスする上で不可欠な措置である。ガスについても同様で，生産（輸入）と小売供給は競争状態に移行できるので，導管（パイプライン）部門とは切り離すのが競争促進の観点から望ましいと理解される。

航空と空港は多くの国で別会社として発展してきたのに対して，鉄道は線路・信号・駅舎を持つ物理的施設の保有・管理部門と，時刻表に基づきサービスを提供する列車運行部門は一体的に運営されてきた。スウェーデンやイギリスでは鉄道を航空・空港と同じように「上」にあたる列車運行会社と「下」にあたるインフラ施設保有会社に区分し，列車運行部門に競争状態を生み出す

「上下分離」が先駆的に進められた。空港の発着枠が混雑していなければ，航空自由化の進展により航空会社は自由に路線を結ぶことができる。鉄道の旅客列車運行に関しても自由な参入者が出現することが期待されたが，航路のように多様な路線を開拓できないので実際には政策効果が高いわけではない。

　このような垂直統合型の既存企業を自然独占の性格が残る部門と競争導入が可能になっている部門に区分する措置が規制改革を進める上で重視されている。これは特定の事業者だけが独占してきた市場を新規参入者にも「開放」する点と，物理的ネットワークの保有・管理に要する費用負担から既存企業を「解放」する点で，政策的な意義が認められる。アンバンドリングは公平な競争条件を整備するという目的からは適切な政策であるが，事業者数が増加するために企業間の交渉が複雑化するという弊害も伴う。通常は企業間のアクセスに関する約款に基づき契約通りの取引が行われるが，事故時や緊急時の対応には混乱する場合がある。したがって，業種別に独立規制機関の設立が不可欠となる。

2-2　独立規制機関の設立と政策調整

　欧州委員会は2009年に独立規制機関の設置を加盟国に求め，公益事業関連の規制機関が各国で設立されることになった。自由化を導入したインフラ産業については，欧州レベルで共通のルールに従って行動することが決められた。政府省庁や国有企業が公共サービスを提供するモデルでは，1つの組織が事業者（プレーヤー）と規制者（アンパイヤー）の両方を兼務するスタイルであった。自由化以降は既存企業と新規参入者の対等な関係を客観的に判断する必要があり，独立規制機関の役割が極めて重要になっている。

　エネルギー産業については，**図表7-1**のような組織が加盟国に存在する。欧州における電力・ガス市場の統合と規制政策の調和を推進する組織として，2011年3月にエネルギー規制の協力機関として Agency for the Cooperation of Energy Regulators（ACER）が創設された。欧州のエネルギー自由化では，競争的な統一市場の創設が利用者の選択肢を拡大すると考えられている。さらに，国境を越えたエネルギー取引を保証し，域内の需要家に対するエネルギーセキュリティを高める上でも，欧州大での政策調整が不可欠である。

　鉄道についても，同様の組織，European Network of Rail Regulatory Bodies(ENRRB)が2013年に設立された。加盟国の中でもイギリス,オーストリア,オランダ,ドイツの規制機関を中心として,情報交換のできる体制が2010年に整えられた。貨物輸送の円滑化や公平な利用条件の明確化の観点から,EUでは規制改革を進める段階で各国別の規制機関を設置するとともに,それらを共通のルールで運営できるように ENRRB が創設されることになった。

　上水道・下水道に関しては,イギリス以外のほとんどの国がまだ政府や自治体の下で経営されている。しかし他業種の公益事業がインフラ・ビジネスの性格を強めている中で,効率的経営や民間委託などを検討し,現実に何らかの施策を採用する必要性が高まってきた。そのような状況から規制機関の協力関係が模索され,2014年に European Water Regulators(WAREG)が組織化された。当初のメンバーは12の関係機関でスタートしたが,現在は30にまで増えている。

図表7-1　EU 加盟国の独立規制機関(エネルギー)

オーストリア	Energie Control Austria (E-Control)
ベルギー	Commission de Régulation de l'Electricité et du Gaz (CREG)
ブルガリア	Energy and Water Regulatory Commission / Комисия за енергийно и водно регулиране(EWRC‐KEBP)
クロアチア	Hrvatska energetska regulatorna agencija (HERA)
キプロス	Cyprus Energy Regulatory Authority (CERA)
チェコ	Energetický Regulační Úřad (ERÚ) / Energy Regulatory Office (ERO)
デンマーク	Energitilsynet‐Danish Energy Regulatory Authority (DERA)
エストニア	Konkurentsiamet‐Estonian Competition Authority‐Energy Regulatory Dept (ECA)
フィンランド	Energiavirasto‐Energy Authority
フランス	Commission de Régulation de l'Énergie (CRE)
ドイツ	Federal Network Agency for Electricity, Gas, Tele-communications, Posts and Railway (Bundesnetzagentur‐BNetzA)
ギリシャ	Ρυθμιστική Αρχή Ενέργειας / Regulatory Authority for Energy (PAE / RAE)
ハンガリー	Magyar Energetikai és Közmű-szabályozási Hivatal (MEKH)

アイルランド	Commission for Regulation of Utilities (CRU)
イタリア	Autorità di Regolazione per Energia Reti e Ambiente (ARERA)
ラトビア	Sabiedrisko pakalpojumu regulēšanas komisija / Public Utilities Commission (PUC)
リトアニア	Valstybinė kainų ir energetikos kontrolės komisija / National Control Commission for Prices and Energy (NCC)
ルクセンブルグ	Institut Luxembourgeois de Régulation (ILR)
マルタ	Regulator for Energy & Water Services (REWS)
オランダ	Autoriteit Consument & Markt (ACM)
ポーランド	Urząd Regulacji Energetyki / Energy Regulatory Office (URE / ERO)
ポルトガル	Entidade Reguladora dos Serviços Energéticos / Energy Services Regulatory Authority (ERSE)
ルーマニア	Antoritatea Naţională de Reglementare în domeniul Energiei / Romanian Energy Regulatory Authority (ANRE)
スロバキア	Úrad pre reguláciu sieťových odvetví (URSO) / Regulatory Office for Network Industries (RONI)
スロベニア	Agencija za energijo / Energy Agency
スペイン	National Commission for Markets and Competition (CNMC)
スウェーデン	Energimarknadsinspektionen / Swedish Energy Markets Inspectorate (EI)
イギリス	Office of Gas and Electricity Markets (Ofgem)

(出所) ACER 資料に基づき筆者作成。

3 所有権移転を通したグローバル化

3-1 M&Aによる国際寡占

　インフラ産業は本来，国内企業により地域独占として特定の地域の住民を対象にサービスを提供するのが一般的であった。しかし，自由化以降は国境とは無関係に業務が可能になっているので，多様な形態でグローバル化に対応する戦略が展開されている。最も典型的な動きはM&Aを通して企業規模を大型化する戦略である。EU統合によって市場規模そのものが拡大しているため，

地理的な供給エリアを拡大しようとするのは当然である。更に，電力・ガス・水道・通信などを専門とする企業が，業務範囲を拡張するM&Aを進めるケースも見られる。ブランド力のある企業は複数のインフラ業務を網羅して，「スーパーユティリティーズ」として顧客を囲い込むことができる。しかし，実際には「範囲の経済性」が機能するのは料金徴収などの限られた業務に限定される。異業種のM&Aから収益性の見込める業務だけをとり込んだ後に，不要な部門を他社に売却する措置がとられることもある。

イギリスの電力改革では1990年の国有企業民営化時に，イングランド地域で「発送電分離」が実施され，発電会社は火力2社（National Power/ PowerGen）と原子力1社（Nuclear Electric）に分割された。火力2社は小売供給部門も持っていたので，顧客数を増やす点で魅力があった。2002年にNational PowerとPowerGenはそれぞれドイツの大手電力会社RWEとE.Onによって買収された。Nuclear Electricは卸料金の下落に伴い逆ザヤとなり赤字に陥った後，British Energyと改称し，2004年にフランス電力会社EDFによる救済合併で存続することになった。スコットランド地域では垂直統合型2社が民間企業に移行したが，その内の1社，Scottish Powerは2006年にスペインの電力会社Iberdrolaにより買収された。Iberdrolaにはイギリス国内で，再生可能エネルギーの普及を狙う戦略があった。

欧州の航空業界で注目されたのは，2004年に実現したフランスとオランダのナショナルフラッグAir FranceとKLMのM&Aである。合併後の正式社名はAir France-KLMであり，本社はフランスに置かれている。株式会社化された両社の株主には，双方の政府も含まれる点から，国主導のM&Aであったことがわかる。しかも，両国の空港会社である，ADPとSchiphol Groupも株式を相互に持ち合う関係にあるが，それら2社についてもそれぞれの政府が株主となっている。3大グローバルアライアンスの1つであるスカイチームに属すAir FranceとKLMは友好的な関係にあったため，航空会社と空港会社の資本面での協力強化が進められたと理解できる。その後，ワンワールドのメンバーであるイギリスBAとスペインIberiaが合併し，親会社としてInternational Airlines Groupが設立された。

欧州委員会はこのような大型合併を容認しているが，依然として欧州域内市

場での競争政策も重視している。エネルギーと航空分野における M&A は他にも多数の事例が見られる。当事者間で合意に至らず実現しなかったケースや，欧州委員会の競争総局（Directorate-General for Competition）による調査に基づき認められなかったケースも少なくない。国際 M&A に関しては，経済的な観点のみならず政治的な判断から評価されることもある。特に，M&A に乗り出す企業が欧州外の企業である場合には賛否が分かれる。欧州企業同士の M&A からの利益を優先するのか，利用者に対して数量と品質を低下させることなく，公的サービスの供給を継続することが重要なのかという問題である。

3-2　ガバナンスの不安定化

　公益事業の民営化で株式が売却されると，時間の経過の中で複数国の出資者が株式を取得する状況に至る。株式公開後，長期にわたり単独で自国企業だけが株主として存続し続けるケースは稀である。株式売買のプロセスにおいて，外国企業が関与する機会もあり，保有状況は常に流動的な変化を繰り返すことになる。株式は一般に3～5社程度が共有し，1社あたりの保有比率が10%～35%となっていることが多い。現実には業務を行ってきた従業員はそのまま残り，親会社としてさまざまな出資者が現れる。場合によって，異なる外国企業が参加することもあるために，経営方針に関する合意形成が難しくなることもある。したがって，長期的にガバナンスの一貫性が欠如する可能性もあり得る。

　民営化によって株式の公開売却を行うと，他国企業による株式取得が起きるだけではなく，投資目的からファンド会社や年金基金が株式を一時的に保有することもある。イギリスでは民営化企業に対する敵対的な買収を防ぐ目的から，「黄金株」（Golden Share）などの特別な保護措置がとられた事例もあるが，そのような措置は民営化・自由化の政策目的と矛盾するので廃止されることになった。公益事業を中心とするインフラ会社の民営化には多額の資金が必要なため，株式を取得できる主体は限られている。近隣諸国の公益企業が M&A を通して買収すれば，特殊な専門技術の維持やサービスの継続が可能となるが，資金力に余裕がない場合には実現可能性は低い。

　図表7-2と**図表7-3**はイギリス配電ネットワーク運営会社とイギリス水道会社の株式保有状況を示している。欧州以外の国籍を持つ企業が多数，参画し

図表7-2　イギリス配電ネットワーク運営会社と親会社

配電ネットワーク運営会社	配電ネットワーク所有者	親会社	国籍
Electricity North West Limited	Electricity North West Limited	North West Electricity Networks (Jersey) Ltd	ジャージー
Northern Powergrid (Northeast) Limited	Northern Powergrid	Berkshire Hathaway Energy	アメリカ
Northern Powergrid (Yorkshire) plc			
Western Power Distribution (West Midlands) plc	Western Power Distribution	PPL Corporation	アメリカ
Western Power Distribution (East Midlands) plc			
Western Power Distribution (South Wales) plc			
Western Power Distribution (South West)			
London Power Networks plc	UK Power Networks	Cheung Kong Infrastructure Holdings Ltd：40%	バミューダ
South Eastern Power Networks		Power Assets Holdings Ltd：40%	香港
Eastern Power Networks plc		Li Ka Shing Foundation Ltd：20%	
SP Distribution plc	SP Energy Networks	Scottish Power Ltd/ Iberdrola S.A.	スペイン
SP Manweb plc			
Scottish Hydro Electric Power Distribution plc	Scottish & Southern Electricity Networks	SSE plc	イギリス
Southern Electric Power Distribution plc			

(出所)　各社公表資料等に基づき筆者作成。

ていることに加え，1社に複数国の所有者が関与しているケースもあることがわかる。中長期の視点から所有者を把握すると，流動的に変化している点も明白になる。また，同一の香港企業が配電会社と水道会社の両方に出資している点も読み取れる。これは意図的に一定地域の公共インフラの運営を足掛かりに

図表7-3　イギリス水道会社と親会社

水道会社	親会社	コンソーシアム構成者	国籍
Anglian Water	Osprey/ Anglian Water Group Ltd	Canada Pension Plan：32.9%	オーストラリア／カナダ／イギリス
		Colonial First State：32.3%	
		IFM Investors：19.8%	
		3ｉ：15.0%	
Northumbrian Water	UK Water	Cheung Kong Infrastructure Holdings Ltd	バミューダ
		Cheung Kong (Holdings) Ltd	香港
		Li Ka Shing Foundation Ltd	
Severn Trent Water	Severn Trent		イギリス
Southern Water	Greensands Holdings Ltd	Infrastructure investment funds (managed by JP Morgan Asset Management, UBS Global Asset Management and Hermes)：48.8%	オーストラリア／カナダ／イギリス
		Australasian and Canadian pension funds：41.7%	
		Private Equity：9.5%	
South West Water	Pennon Group		イギリス
Thames Water	Kemble Water Ltd	Kemble Water Holdings Ltd/ Macquarie Group	オーストラリア
United Utilities Water	United Utilities		イギリス
Dŵr Cymru Welsh Water	Glas Cymru		イギリス
Wessex Water	YTL Power Intl.	International Multi-utility Provider	マレーシア
Yorkshire Water	Kelda Water Services	Citi Infrastructure Investors：30.3%	シンガポール／イギリス
		GIC：26.3%	
		Wharfedale Acquisitions I LLP：10.0%	

（出所）　各社公表資料等に基づき筆者作成。

拡大路線をとろうとしているものと理解できる。これらの点は利用者や消費者団体から不安定化要因とみなされているため、現在、水道事業では再国有化論が浮上している[2]。

4　公共サービス維持のスキーム

4-1　民営化企業に対する政府・自治体の関与

　民営化には多様な手法が含まれるが、通常は政府系組織を「株式会社化」した後に「株式売却」を行うのが一般的である。株式会社化したとしても、株式を売却せずに政府が依然として全株式を保有し続けるケースも見られる。株式売却は公開売却（public offer）と非公開売却（private sale）に区分される。株式売却が実行されたとしても、全面売却なのか部分的売却なのかという点でも違いがある。50％以上を売却した段階で、民間企業に移行したものとみなすことができる。将来の収益が期待できるような投資家に魅力のあるケースについては公開売却が適用できるが、収益性の低い業種や供給エリアが限定される企業に関しては特定主体が株主となる非公開売却が利用される[3]。

　公共サービスを維持する観点から完全民営化は不適切であるという意見がある。つまり民間企業に移行後は効率性追求が重視されるので、公共性維持に基づくユニバーサルサービスが継続できなくなる可能性が高い。一方で、政府保有比率が高いから安定的なサービスが保障されるわけではないとの見解もある。しかし、独立採算の責任を負うように株式会社形態に移行させて、中央政府や地方自治体が株主として関与する形態であれば、長期的な観点から効率性と公共性を両立させることができる。イギリスの民営化では全面的な株式売却を実施したものの、民間企業の経営が破綻し、結果的に再国有化や有限責任保証会社として公共サービスを維持することになった失敗例もある。

　フランスでは国有企業を株式会社化した後にも、一定比率の株式を政府や自治体が保有している。政府が公共サービスの提供者としての責任を果たす上で、それは効果的な措置とみなされる。また、投資計画の策定や合理的料金の維持という観点からも適切な公的関与だといえる。**図表7-4**は空港運営会社に対

する政府と商工会議所（Chamber of Commerce and Industry）の関与度を示している。地方空港については，すべて地元の商工会議所が4分の1の比率で参画しているのが大きな特徴である。これによって住民や立地している企業のニーズを反映した路線を就航させることができていると考えられる。

図表7-4　フランスの空港運営会社と所有権

空港	乗降客数 (2015年)	運営会社	株主・所有比率	
Paris Charles-de-Gaulle	65,766,986	Aéroports de Paris	State of France	50.63%
			Institutional investors	21.49%
			Schiphol	8.00%
			VINCI Airports	8.00%
			PREDICA	4.81%
			Retail investors	2.33%
			Employees	1.69%
			Others	3.04%
Paris Orly	29,664,993	Aéroports de Paris	State of France	50.63%
			Institutional investors	21.49%
			Schiphol	8.00%
			VINCI Airports	8.00%
			PREDICA	4.81%
			Retail investors	2.33%
			Employees	1.69%
			Others	3.04%
Nice	12,016,730	Aéroports de la Côte d'Azur	State of France	60.0%
			Chamber of Commerce and Industry of Nice Côte d'Azur	25.0%
			Regional Council of Provence Alpes Côte d'Azur	5.0%
			Departmental Council of Alpes Maritimes	5.0%
			Métropole Nice Côte d'Azur	5.0%
Lyon	8,703,354	Aéroports de Lyon SA	State of France	60.0%
			Chamber of Commerce and Industry of Lyon	25.0%
			Lyon Metropole	7.0%
			Rhône Alpes Region	5.0%
			Rhône Department	3.0%

空港	乗降客数 (2015年)	運営会社	株主・所有比率	
Marseille	8,264,930	Aéroport Marseille Provence	State of France	60.0%
			Chamber of Commerce and Industry of Marseille Provence	25.0%
			Regional Council of Provence Alpes Côte d'Azur	5.0%
			Bouches du Rhône Department	5.0%
			Urban Community of Marseille Provence Métropole (CUMP)	4.0%
			Town of Vitrolles	1.0%
Toulouse	7,669,054	Aéroport Toulouse-Blagnac	CASIL EUROPE	49.9%
			Chamber of Commerce and Industry of Toulouse	25.0%
			State of France	10.1%
			Regional Council of Midi-Pyrénées	5.0%
			Departmental Council of Haute-Garonne	5.0%
			Greater Toulouse Urban Area Community	5.0%
Bordeaux	5,331,648	SA Aéroport de Bordeaux Mérignac	Agence des Participations de l'Etat	60.00%
			Chamber of Commerce and Industry of Bordeaux	25.00%
			Regional Council of Aquitaine	3.75%
			Bordeaux Métropole	3.75%
			Departmental Council of Gironde	3.00%
			City of Bordeaux	3.00%
			City of Merignac	1.50%

(出所) ACI EUROPE, Airline Network News & Analysis 公表資料に基づき筆者作成。

4-2 コンセッション・有限責任保証会社の意義

　国有企業の下では利潤追求に対する意識が希薄であることに加え，倒産の危機意識が機能しないために，経営上の非効率が生じやすい。効率的な経営に方針転換するために企業形態を株式会社化したとしても，業績が悪すぎて株式売却の見通しが立たないこともある。製造業やサービス業では赤字経営に陥り，業務を継承する企業が出現しなければ，破産手続きを経て業務を停止せざるを得ない。しかし，電力，水道，鉄道などのインフラ運営主体が破綻に直面したとしても，社会全体の機能が低下しないように供給停止は回避される。フラン

スの公益事業では，国有企業の非効率を招かないように，政府の監督下で民間企業が公共サービスを提供する手法が利用されてきた。水道事業における民間企業への運営権譲渡（コンセッション）が好例である。

欧州には，スペインの Abertis のほか，ドイツ Hochtief（AviAlliance と改称）やフランス VINCI など，空港，水道，橋梁，スタジアムなどの公共施設の運営を政府や自治体から任されるコンセッションを専門とするインフラ企業が多数，存在する[4]。設備の所有権は中央政府や自治体に残しておき，競争入札を通して民間事業者が指定された期間についての運営権を取得するのが，コンセッションである。実際の権限については，契約書の中で明記されるが，基本的には設備投資と料金設定に関する裁量権が民間企業に与えられる。この自由度が高ければ収入をあげることができるので，民間企業にとって魅力が大きい。設備投資を実行する点を考慮して，契約期間は一般的に，30年前後に設定される。

公共サービスを維持するもう1つの手法として，有限責任保証会社（Company Limited by Guarantee：CLG）という経営形態が効果的である。民営化企業が経営破綻に至るとサービスの提供が途絶えることになる。しかし，ユニバーサルサービスの観点から供給は継続されなければならない。CLG は役員報酬よりも設備投資を優先する点で，公共サービスの永続性を考慮している。CLG には出資者と理事会は存在するが，株式会社のように株式を発行しているわけではないので一株一票制に基づく決定は成立しない。出資者には地域密着型組織が関与することが多いが，個人や公共団体が含まれる場合もある。

CLG 形態を採用している組織として，イギリスのウェールズ水道会社 Dŵr Cymru Welsh Water（Glas Cymru）をあげることができる。イングランド・ウェールズ地域では1989年水法に基づき民営化が適用され，水管理公社10社はすべて民間企業へと移行した。先の表で示した通り，ほとんどの水道会社が外国企業やファンド会社によって支配されている。最も特徴のあるのが，Glas Cymru である。同社は2000年にアメリカ企業の Western Power Distribution から Dŵr Cymru Welsh Water を買収して，CLG に移行した。その理由は，利潤を設備投資に優先的に回し，地域の公共サービスを地元関係者で守る方針を採用したからである。

もう1つのケースは,「上下分離」を実施した鉄道会社の線路・信号・駅舎部分を担うことになったRailtrackが破綻した後,後継会社として設立されたNetwork Railである。1993年鉄道法に基づき,翌94年に旅客列車運行会社25社,車両会社3社,インフラ会社1社が誕生した。96年5月にインフラ会社であるRailtrackは株式売却を通して,民間企業に移行したが,99年と2000年にロンドン近郊で衝突・脱線事故が起きたために,賠償や改良工事に要する費用負担により,2001年10月に経営破綻に陥った。その後,02年3月に後継会社Network RailがRailtrackの資産を継承した。同社はCLGとして設立された。現在,政府が主たる出資者となっているので,実質的に再国有化された状況にある。

5　EU離脱で孤立を深めるイギリス

5-1　ブレグジットに伴う損失

　2016年6月23日に実施されたイギリスのEUからの離脱（ブレグジット）の是非を問う国民投票は,結果的に離脱派が51.9%で残留派の48.1%を上回り,国内外に大きな衝撃を与えた。この国民投票については,2013年1月にキャメロン首相が2017年までに実施すると表明していた。2015年5月の総選挙でキャメロン首相率いる保守党が単独過半数で勝利を収めた後,2016年に入って国民投票の実施が決まった。当時,ジョンソン・ロンドン市長がEU離脱支持を表明したこともあり,メディアや国民の間での議論が活発になり,キャンペーン活動を通して対立する事件も起きてしまった。

　国民が離脱を選んだ理由は明確には把握できないが,次のようないくつかの要因が重なっていたと考えられる。第1に,イギリスが加盟国となったのは1973年であった点から,自国の政治的リーダーシップに期待できなかった。第2に,イギリスが地理的に孤立している点や通貨もユーロではなくポンドであったため,EUへの帰属意識が希薄であった。第3に,EUへの拠出金負担が大きいのに対して,その見返りが小さすぎるという不満が募っていた。第4に,他国から移民を受け入れなければならず,それが自国の雇用不安を助長す

ると判断した。キャメロン首相が国民のEUに対する不信感を払拭するために国民投票で乗り切ろうとしたが，予期せぬ結末を招いたといえる。投票結果が僅差であったこともあり，まだ離脱派と残留派の間に感情的なわだかまりが残っている。

　2019年3月までに，離脱に関する手続を終えなければならないが，清算金をはじめ国境管理や通商協議などに関する詳細が決定しているわけではない[5]。イギリスはEU離脱後に，従来通りの自由な域内貿易が継続できない状況に陥るので，経済活動の沈滞化は避けられない。多数の相手国と個別に輸出入に関する条件を交渉する時間と人件費は膨大になると予想される。国民投票直後から製造業の工場や本社機能を他国に移転しようとする企業は多い。金融・証券業の中心であるロンドンに拠点を置いてきた銀行や証券会社のほか，コンサルタント会社や商社もメリットがないので大陸側へ移動する可能性が高い。当然，連鎖的にエネルギー・通信・航空など，インフラ業界でも国際競争力は低下するだろう。したがって，EU離脱により雇用が保障されると信じていた国民の意図とは逆に，失業者が増加する事態も起こり得る。

5-2　新型原子力計画の不確実性

　ブレグジットはイギリスのエネルギー政策に多大な悪影響を及ぼすことになる。経済活動が沈滞化する可能性があるために，電力需要の予測が難しくなる。また，他国からの多数の出資者が今後も継続的に資金を提供し続けるかどうか不確実性を伴う。特に，既存原子力発電を維持しているフランスがどのような行動をとるのか不透明感が高まってきた。新型原子力計画に深く関与してきたドイツの大手2社は既に撤退しているが，フランス電力会社EDFの支援がなくなると，イギリスのエネルギー政策は根幹から崩れてしまう。

　現在，イギリスで稼動中の原子力発電所のすべての炉は，2035年までに寿命により運転を停止する。石炭火力については温暖化ガス排出規制によって既に運転が停止された設備もあるが，今後も段階的に縮小する方針が決まっている。政府は発電力不足を補完する目的で，新型原子力計画を推進してきた。イギリスは低炭素社会実現の観点から原子力発電を推進する立場に立つが，建設に要するコストが高騰している点とブレグジットに伴う不確実性から計画の進展が

危ぶまれている。

　新規原子力発電の4つの計画は，**図表7-5**の通りである。①はEDFが手掛けるプロジェクトで，ヒンクリーポイントとサイズウェルの2ヵ所で，フランス原子力大手アレバの欧州加圧水型炉（EPR）を建設する計画である。もともとイギリスのガス会社CentricaがEDFのパートナーだったが，将来リスクを回避する点から2013年に撤退した。それに代わって中国広核集団（CGN）が参画することになった。出資比率は，EDFが66.5％，CGNが33.5％となっている。

　②はHorizonが進めるプロジェクトで，もともとドイツの電力大手2社のE.OnとRWEによるジョイントベンチャーで進められてきた。しかし，自国で原子力発電を廃止する方針が決まったため，両社はこの計画から撤退することになった。2013年に日立製作所が継承し，日立GEニュークリア・エナジーの改良型沸騰水型軽水炉（ABWR）を採用する予定である。

　③のNuGenerationプロジェクトは，もともとフランスのガス・電力会社ENGIE（旧社名，GDFスエズ）とスペインの電力会社Iberdrolaによって進められてきた。しかし，2013年にIberdrolaの保有する全株式が東芝に売却された。東芝はGDFスエズが保有する株式10％も取得し，アメリカ・ウェスチングハウスのAP1000（最新加圧水型軽水炉）を使用する予定であったが，2018年11月に東芝はこのプロジェクトから撤退することを決定した。

　④は中国CGNが手掛けるプロジェクトで，フランスの技術を取り入れた中国製の加圧水型原子炉が導入される予定で進められている。プロジェクトの出資比率はCGNが66.5％，EDFが33.5％である。フランスと中国の協力という点では①の計画と同じであるが，出資比率は逆の数値となっている。

　これらのプロジェクトの中で①のヒンクリーポイントCについて，政府は差額契約付き固定価格買取制（FIT・CfD）により優遇措置を講じることを決定した。買い取り価格は92.5ポンド／メガワットアワーと，現行の市場価格の2倍以上で，35年間にわたって保証される。このように実現可能性が高かったにもかかわらず，2017年にEDF内部で財務担当幹部がこの計画から撤退すべきとの見解を表明したために，混乱を招くことになった。その後，イギリス政府の会計検査院にあたるNAO（National Audit Office）も，この計画にかかる費

用が高すぎるとの調査結果を公表したため，先行きが不透明になっている[6]。それらに加えて，ブレグジットの円滑な進め方が決まっていない点からも，新型原子力全体のプロジェクトは具体的な建設に入るのが厳しい状況にある。

図表7-5　イギリスの新型原子力発電プロジェクト

推進主体	サイト名	立地点	炉型	設備能力 (MWe gross)	建設開始年	運転開始年
① EDF Energy	Hinkley Point C-1	Somerset	EPR	1670	2019	2026
	Hinkley Point C-2		EPR	1670	2020	2027
	Sizewell C-1	Suffolk	EPR	1670?	—	?
	Sizewell C-2		EPR	1670?	—	?
② Horizon	Wylfa Newydd 1	Wales	ABWR	1380	—	2025
	Wylfa Newydd 2		ABWR	1380	—	2025
	Oldbury B-1	Gloucestershire	ABWR	1380	—	late 2020s
	Oldbury B-2		ABWR	1380	—	late 2020s
③ NuGeneration	Moorside 1	Cumbria	AP1000/ APR1400	1135/1520	Depends on reactor	late 2025?
	Moorside 2		AP1000/ APR1400	1135/1520	—	2026?
	Moorside 3		AP1000	1135	—	2027?
④ China General Nuclear	Bradwell B-1	Essex	Hualong One	1150	—	—
	Bradwell B-2		Hualong One	1150	—	—

（出所）　世界原子力協会（World Nuclear Association）公表資料に基づき筆者作成。

6　欧州インフラ産業の新たな展開

6-1　LCC誘致とセカンダリー空港の活用

欧州にはイージージェットとライアンエアーをはじめ、図表7-6に示されているように多数のLCCが存在し、多くの空港に拠点を置いている。既存の航空会社に対抗して格安チケットで需要を開拓しているLCCは、次のような点から欧州内で重要な役割を果たしている。まず第1に、徹底的なコスト削減を図り、低運賃を実現しているので、利用者が多頻度で移動することができる。第2に、賃金格差を背景に雇用の流動性が高まっているが、労働者とその家族・親戚などの移動を容易にしている。第3に、混雑している大規模空港よりも郊外立地のセカンダリー空港を活用するため、都市部における空港間競争を促す効果を持っている。第4に、地方都市の空港にも就航しているので、利用者にとって多様な路線を選択できるだけではなく、空港周辺部の開発を含めた地域経済への波及効果も大きい。

LCCを受け入れている空港は都市部に立地している主要空港ではなく、郊

図表7-6　欧州におけるLCC

LCC	国	設立年	拠点空港
TUIfly	ドイツ	1973	Hannover Langenhagen
Jet2.com	イギリス	1978	Bournemouth, Edinburgh, Glasgow International, Leeds Bradford, Newcastle International
Flybe	イギリス	1979	Belfast City George Best, Birmingham International, Manchester, Southampton
Ryanair	アイルランド	1985	Dublin
EasyJet Switzerland	スイス	1989	Basel Mulhouse Freiburg, Geneva International
Norwegian Air Shuttle	ノルウェー	1993	Bergen, Copenhagen Kastrup, Helsinki Vantaa, Oslo Gardermoen, Paris Orly, Riga International, Stockholm Arlanda
EasyJet	イギリス	1995	London Luton

Germanwings	ドイツ	1997	Berlin Tegel, Cologne Bonn, Dortmund, Duesseldorf International, Hamburg, Hannover Langenhagen, Stuttgart
Helvetic Airways	スイス	2002	Zurich
Blue Air	ルーマニア	2004	Bacau, Bucharest Baneasa - Aurel Vlaicu International
SAS Norge	ノルウェー	2004	Oslo Gardermoen
Smart Wings	チェコ	2004	Brno Turany, Budapest Ferenc Liszt International, Prague Vaclav Havel
Thomson Airways	イギリス	2004	Bristol, Glasgow International, London Gatwick, London Luton, Manchester
Vueling Airlines	スペイン	2004	Barcelona, Madrid Barajas
Wizz Air	ハンガリー	2004	Bucharest Baneasa - Aurel Vlaicu International, Budapest Ferenc Liszt International, Gdansk Lech Walesa, Katowice, Kyiv International, Poznan Lawica, Sofia, Warsaw Frederic Chopin
Blu-Express	イタリア	2005	Rome Leonardo da Vinci - Fiumicino
Volotea	スペイン	2011	Bordeaux Merignac, Nantes Atlantique, Palermo, Venice Marco Polo
Iberia Express	スペイン	2012	Madrid Barajas
WOW air	アイスランド	2012	Reykjavik Keflavik International
Ernest	イタリア	2016	Florence Peretola
Eurowings	ドイツ	2016	Palma de Mallorca, Salzburg W. A. Mozart, Vienna International
Eurowings Europe	オーストリア	2016	Palma de Mallorca, Salzburg W. A. Mozart, Vienna International
French Bee formerly French Blue	フランス	2016	Paris Orly
EasyJet Europe	オーストリア	2017	Vienna International
Level	スペイン	2017	Barcelona

（出所） airlines-inform.com 公表資料に基づき筆者作成。

外立地のセカンダリー空港が多い。欧州で代表的な空港は**図表7-7**の通りである。これらの空港はレガシーキャリアが拠点を置く主要空港と競合関係に立ちながら，独自の需要を開拓してきた。自由化以前にはナショナルフラッグが自国の国内線を，国際線に関しては各国の大規模航空会社が中心となっていたが，自由化の恩恵によってLCCでも国内線・国際線のいずれについても就航が可能になった。

過去の需要層はビジネス客とレジャー客に二分されていたが，自由化以降はチケット価格が低下しているので，多頻度で友人や親戚を訪ねることを主目的とした新たな需要層としてVFR（Visiting Friends and Relatives）が注目されている。イギリス国内でVFR比率が高い空港としてロンドンのLutonとStanstedがあげられる。それぞれ既に50％近くに及んでいる。発着枠（スロット）に余裕のある大都市近隣の郊外に立地するセカンダリー空港や地方空港は，航空会社と立地エリアの間で，「触媒」機能を通して新たな航空需要を喚起することができる。

図表7-7 LCC比率の高い空港

空港名	国
Billund	デンマーク
Frankfurt-Hahn	ドイツ
Gothenburg City	スウェーデン
Grasgow Prestwick	イギリス
London Luton	イギリス
London Stansted	イギリス
Memmingen	ドイツ
Moss Rygge	ノルウェー
Paris Beauvais Tille	フランス
Stockholm Skavsta	スウェーデン
Warsaw Modlin	ポーランド
Weeze	ドイツ

（出所）airlines-inform.com 公表資料に基づき筆者作成。

6-2 郵政会社の宅配ビジネス強化

　電子メールの普及によって郵便局や郵便配達業務は衰退し，もともと国有であった郵便部門の経営状態は悪化することになった。欧州各国は民営化などの政策に基づき，郵便部門を利益追求型の組織に移行させる方策をとってきた。国によって差異はあるが，概ね次のような措置が指向されている点は共通している。第1に，窓口業務と配達部門を分離し，窓口に関しては縮小・閉鎖する方向にある。第2に，配達部門を電子商取引（eコマース）の商品を配送する宅配業務として強化している。第3に，宅配業務の一部として，主要駅や商業施設にカード決済のできるロッカーを設置することで，再配達の非効率を回避するとともに，利用者の利便性を高めている。第4に，宅配業務を引き継いだ組織を株式会社化し，国際的な合併再編成によって新たな市場を開拓している。

　インターネットの整備が進んでいる北欧では，電子商取引の普及比率が他国と比較すると高い[7]。その背景には冬季が長いことや都市部までのアクセスがよくない点なども影響していると考えられる。郵政会社の中でもとりわけフィンランドが宅配部門の強化に力を注いでいる。フィンランドの郵政事業は通信事業と統合された国有企業として運営されてきた。1998年に両部門は分離され，2007年から郵政会社はItellaとなり，2015年からPostiに改称された。同社は株式会社だが，全株式はフィンランド政府によって所有されている。社内組織は郵便以外に，物流と決済部門が置かれ，物流業務には道路・鉄道輸送のみならず，海運や倉庫業も含まれる。ロシアにおける物流業務を重視してきた点に大きな特徴がある。

　Itellaは2006年から電子商取引に関わる流通の多い隣国ロシアの市場を開拓する戦略を採用してきた。西欧諸国ではなく，ロシアに焦点があてられた点は欧州企業としてユニークである。翌年に，同社は医薬品メーカーのPfizerと協力関係を組み，ロシアで倉庫・輸送事業に進出した。その後，2008年にロシアの物流会社を取得して，輸送ネットワークを確立することができた。モスクワとサンクトペテルブルクなど8都市に拠点を置いて，鉄道・道路に加えて航路と海路も活用した物流事業を展開している点で，郵政会社の先駆的改革例として特筆に値する。

欧州内の郵政会社で大規模な物流会社に転換したのは，ドイツのDP DHLである。同社は以下のような戦略を展開し，欧州内で電子商取引に円滑に対応できる戦略をとっている。①DHL Parcel/DHL Freight Sweden（スウェーデン）/Posti（フィンランド）/Bring（ノルウェー）との協力強化，②国際電子商取引市場の開拓とサービス・レベル向上，③北ヨーロッパにおける宅配ネットワークの充実＝6,500店舗・配送拠点，④輸送時間の短縮・土曜日配達の実現・配達時間通知，⑤配送エリアの拡大＝ベネルックス・ポーランド・チェコ・スロバキア・オーストリア。ブランド力があるだけではなく，ドローンを使用した医薬品の輸送や主要鉄道駅や24時間開店のスーパーにおけるスマートボックスの設置など，先駆的なサービスを開拓している点でも注目を集めている。

オランダTNTは早い段階から物流会社としての地位を固めてきた。イギリスの郵便自由化に合わせて，子会社whistlを通してマンチェスターなどに進出するなど，他国市場においても積極的に需要を開拓してきた。2015年4月にアメリカの物流企業FedExが，オランダTNT Expressを買収する見解を明らかにした。欧州委員会による審査が終了し，2016年1月に両社の合併は承認された。世界の物流企業のランキングは，DHL，TNT，FedEx，UPSの順であったが，TNTとFedExの合併により，今後，寡占化に向けた規模拡大を目的とする下位企業も含めた世界的な再編成に拍車がかかるかもしれない。

イギリスのRoyal Mailは株式売却を実現するために，窓口部門のPost Officeを別会社化した。郵便市場の自由化に取り組んできたものの，Royal Mail自らが他国に進出することはなかった。2015年にようやく，次のような電子商取引関連の企業との合併や協力によって，宅配業務を拡大する戦略に乗り出した。①Mallzee（イギリス）：ファッション・アプリ配信，②Market Engine Global（オーストラリア）：オンラインショッピング・ソフトウェア開発，③Waterstones（イギリス）：大手書籍店の配送・3年契約，④eCourier（イギリス）：即日配達・ヒースロー空港〜ロンドン西部〜金融街地域，⑤NetDespatch（イギリス）：クラウド技術・配送データ管理。しかし，いずれも実験的なもので，ドイツDP DHLやオランダTNTとは比較にならない規模である。

7 おわりに—デジタリゼーションに基づく成長—

　2015年3月に欧州委員会は Internet of Things（IoT）を推進する組織，Alliance for Internet of Things Innovation（AIOTI）を創設した。さらに，同年5月に Digital Single Market Strategy for Europe という報告書を公表し，欧州で戦略的な展開ができる環境を整備した。この中で，欧州の繁栄を実現するために，デジタリゼーションについての合意形成が急務である点が強調された。主要な項目として，以下の3点があげられている。①欧州内の電子化された財サービスへのアクセス改善，②デジタルネットワークとサービスの発展条件の創出，③デジタル経済の潜在成長力の最大化。

　欧州のみならず世界的にインターネットが普及したことに加え，携帯電話がスマートフォンとして幅広い年代層に定着したことで，経済活動に大きな変化が起きている。以下のような変化がデジタリゼーションの恩恵を受けた好例であろう。第1に，電力とガス市場で多数の新規参入者が出現しているが，それは需要家がスマートフォンから事業者を容易に変更できるようになったからである。第2に，タクシー業界に改革を迫ったように，アプリを通して低料金で信頼できるサービスを提供する事業者に需要がシフトしている[8]。第3に，まだ限られた地域だけであるが，EV を使用した自動運転によるバス運行が実証実験に入っているように，低炭素社会の実現と結びついた政策が重視されている。第4に，コンパクトシティやスマートシティ，スマートコミュニティなどの名称で，エネルギー，通信，交通の新技術の組合せに基づき，官民連携の下で地域開発が進められている。

　IoT が一般化する中で，過去に自然独占，法的独占，地域独占であった公益事業は，他業種との融合化を深めたインフラ・ビジネスに転換し，今後もその傾向は強くなるであろう。国境のない世界でビジネスが展開されることを前提に，インフラ産業の将来投資を継続しなければ IoT の発展はあり得ない。欧州では大国のみならず小国もデジタル化に積極的に取り組んでいるが，これは EU として政策方針を明確に示しているからである。

●注

1 　規制改革の理論と個別業種の制度設計については，山本・野村（2013）を参照。
2 　過去の国有化と同じ失敗を避けるためには，新しい再国有化のスキームを熟慮し，客観的なモニタリングに基づき透明性の確保されたビジネスモデルが求められる。
3 　公営企業の民営化などでは，全国レベルで投資家が関心を持つというわけではない。
4 　コンセッションを専門とする企業については，石田・野村（2014）第2章を参照。
5 　イギリス政府内に欧州連合離脱の手続きを担当する省，Department for Exiting the European Union（DExEU）が設置されている。
6 　National Audit Office（2017），p.12.
7 　北欧における郵政改革については，野村（2014）を参照。
8 　シェアリング・エコノミーとの関連性から，インフラ産業の変容を分析する必要性も高まっている。

●参考文献

Department of Business, Energy and Industrial Strategy (2018), *Implementing the End of Unabated Coal by 2025.*
European Commission (2010), *Interpretative Note on Directive 2009/72/EC Concerning Common Rules for the Internal Market in Electricity and Directive 2009/73/EC Concerning Common Rules for the Internal Market in Natural Gas: The Unbundling Regime.*
House of Commons Committee of Public Accounts (2017), *Hinkley Point C.*
National Audit Office (2017), *Hinkley Point C.*
—— Office (2018), *Implementing the UK's Exit from the European Union.*
Office of Gas and Electricity Markets (2018), *Great Britain and Northern Ireland Regulatory Authorities Reports 2018.*
Rhodes, C. et al. (2018), *Public Ownership of Industries and Services,* House of Commons Library, Briefing Paper, No. 8325.
UK Trade & Industry (2014), *Investing in UK Infrastructure.*
石田哲也・野村宗訓（2014）『官民連携による交通インフラ改革－PFI・PPPで拡がる新たなビジネス領域－』同文舘出版。
塩見英治監修，鳥居昭夫・岡田啓・小熊仁編著（2017）『自由化時代のネットワーク産業と社会資本』八千代出版。
杉山武彦監修，竹内健蔵・根本敏則・山内弘隆編（2010）『交通市場と社会資本の経済学』有斐閣。
中野宏幸（2014）『交通インフラ経営のグローバル競争戦略』日本評論社。
野村宗訓（2014）「北欧郵政民営化と物流セクターの成長－電子商取引の影響を中心として－」『経済学論究』第68巻第3号。
――（2015）「利益体質を強化する欧州郵便企業　国際宅配・物流市場で存在感」『エコノミスト』第93巻第19号。

―――(2016a)「民営化・規制緩和とインフラ・ビジネスの展開－英国の実験からグローバル化の課題を考える－」『産業学会 研究年報』第31号。
―――(2016b)「EU 離脱で危ぶまれる英国の電力 原発新設計画が頓挫の可能性」『エコノミスト』第94巻第26号。
―――(2017a)「空港民営化の政策分析－官民連携の将来像を考える－」『経済学論纂（中央大学）』第57巻 第3・4合併号。
―――(2017b)「インフラ改革としての運営権譲渡（コンセッション）－公共サービスの維持手法についての考察－」『経済学論究』第71巻第1号。
―――(2017c)「自動運転＋EV 欧州でバスが実用段階に」『エコノミスト』第95巻第44号。
野村宗訓・草薙真一 (2017)『電力・ガス自由化の真実』エネルギーフォーラム。
山本哲三・野村宗訓編著 (2013)『規制改革30講－厚生経済学的アプローチ－』中央経済社。

◆ Summary ◆

Public Utilities, such as energy, water, transportation and postal services, have been regarded as regulated industries. They were operated by legal monopolistic companies in domestic markets. However they are changed to international infrastructure industries by privatization and liberalization after 1980s. Market Integration in EU promoted this change, because it is possible for both incumbents and new entrants to develop new markets over cross-borders. Member States managed to reduce public expenditure through selling off nationalized enterprises, but it is not obvious that sustainable supply systems of public services are ensured under the competitive circumstances.

This paper will investigate the facts and trends of globalization of infrastructure industries in EU focusing on the UK, find some issues and research future progress possibilities. It consists of seven chapters, 1 Introduction, 2 Policy Trends of Privatization and Liberalization, 3 Globalization through Ownership Transfer, 4 Scheme of Public Services Maintenance, 5 Isolation of the UK by Brexit , 6 New Development of Infrastructure Industries in Europe, and 7 Final Remark for Digitalization.

第 8 章

過渡期ポーランドの自画像
―ポーランド・EU 関係と消費の情熱―

藤井　和夫

◆

1　はじめに

　2018年はポーランドにとって「独立回復100年」の記念年にあたる。1795年に隣接するロシア，プロイセン（ドイツ），オーストリアによって分割支配され，ヨーロッパの地図の上から全く姿を消されて以来失っていた国家の独立を，1918年に123年ぶりに回復してから100周年の記念の年である。その2018年の夏に，日本の2つの新聞にポーランドに関する特集記事が掲載された。

　朝日新聞は7月23日に，ポーランドの現政権が，難民受入の分担を求めるEUの要求を拒絶し，周辺諸国との摩擦を生み出しかねない愛国主義的な姿勢を強く打ち出していることを特集する「愛国へ　ポーランドの反動」という記事を掲載した。そして，子ども手当に代表される弱者に手厚い財政政策とともに，ポーランドの苦難の歴史，抑圧の歴史に焦点を当て，EUを重視する政策を進めてきた前政権を批判することで，現政権が40％前後の支持率を保っていることや，EUとの協調をめぐっては同国の世論が大きく割れていることを紹介している。

　また日本経済新聞は7月10日の「試練の民主主義　変革道半ば」という特集記事で，1989年に共産主義政権が崩壊し民主化が進んだはずの東欧でポピュリズムが勢いづいている現状について，ポーランドの民主化運動の指導者であったレフ・ワレサ元大統領にインタビューしている。ワレサはそこで，「体制を変えるために我々は立ち上がり，そのポーランドの自由を取り戻す運動が結果

的に共産圏全体を崩壊させた」と過去を振り返るとともに，現代の世界について「我々はまだ変革の途上にあり，さらに大きな変化が要る。国家が大きな役割を果たした古い時代は終わったが，新しい時代はまだ始まっていない」と語っている。そしてEUについては，「時代に合っていない。EUが東西冷戦など今とは全く違う状況で生まれたことを忘れてはならない。現在のEUを手直しするか，一度壊して新たな組織を作るのか考えるべきだ」と発言している。ただし彼は「もしもポーランドやハンガリーが今のEUを崩壊させるなら，その5分後に新しいEUを作らねばならない」と続けて，EUの存在そのものの必要性も強調している。

　我々は，ポーランドが第2次世界大戦でたいへんな犠牲を払い辛酸をなめたことや，ようやく長い戦争が終わった後も，今度は否応なしにソ連が主導する共産主義陣営の一員となって，抑圧時代を経験したことを知っている。そして抑圧への抵抗の中から1970年代末からの自主管理労組「連帯」の運動と1981年の「戒厳令」を経て，1989年にいわゆる「東欧革命」を先導したポーランドが，苦しい過渡期の経済状態の中での長い交渉の末に2004年にEUに加盟したことを，そこに住む人々にとっては長年の希望がかなったできごとであったと受け止めてきた。さらに，その後のポーランドが「EUの優等生」といわれるほどに順調な経済発展を実現して，2008年の世界を巻き込んだ経済危機「リーマン・ショック」でもヨーロッパで唯一マイナス成長を記録しなかったことなどから，EUとの強い結合という基本線は，同国にあっては揺るぎないものと思っていただけに，保守的な政党 PiS（「法と正義」）が国会上下院の単独過半数を握る最近のポーランドの激しい反EUの動きは，何とも理解しがたいものに見えるのである。

　いったいポーランドで今何が起こっているのだろうか。ポーランドはいつの間にかすっかり変わってしまったのだろうか。とりわけEUとの関係において，ポーランドが何を思い，どこへ向かおうとしているのかを考えてみるのがここでの課題である。まずポーランド人がEUをどう考えているのかを整理しておこう。

2　ポーランド人にとってのEU

　筆者は以前に，EUの東方拡大とポーランドとの関係を論じた文章の結語で，ポーランドの体制転換とEU加盟への流れについて，「表面的にはポーランドは，体制転換から一直線にEU加盟に向かって突き進んだように見える。1989年以降，事実上EU加盟はポーランドの外交政策の柱であったし，ポーランドのヨーロッパ回帰は同国の長い歴史的伝統を受け継ぐものということができる。そして宿命的な課題であったドイツとの和解も，ポーランドのEUへの統合という文脈の中で実現することになった。しかし，これらがポーランドのEU加盟＝EUの東方拡大という枠組みの中で密接に結びつきながら進んでいったとしても，すべてのことが整合的に体系づけられた当然のプロセスといえるほどの必然性をもっていたということにはならない。さまざまな思惑や力関係の中でポーランドの体制転換も，EU加盟も，ドイツとの関係改善も進められたことを忘れてはならないのである。とりわけ（…）経済過程については，EU加盟を急いだことにより体制転換プロセスが圧縮され，さまざまなゆがみが生じていることが指摘されている。またポーランドの体制移行は，欧州への回帰の実現を目指した首尾一貫した過程というよりは，試行錯誤や誤謬を含む政策選択，進路選択の人間的要素の多い過程であったともいわれている。今後もそれらが一種の調和を保ちながら進行していくかどうかは，実は統合EUの未来にかかっている。ポーランド人のEU熱の減退や，今日少しずつ聞かれ始めたポーランドとドイツの様々な軋轢も，EU統合の強度とその普遍的合理性をテストしているのである」と述べたことがある[1]。

　「整合的に体系づけられた当然のプロセスではなかった」と考える根拠は，同論文で論じたように既存のEU諸国と加盟しようとしていたポーランドとの意識や思惑のずれであった。ポーランド国民の意識調査でEU加盟賛成が1994年の77％から1996年の80％まで少しずつ増え，その後2001年の53％まで賛成が徐々に減っていき，逆に反対が1994年の6％から2001年の28％まで次第に増えたというポーランドの世論の変化は，現実にEU諸国を相手とする加盟交渉の中でEU統合ユーフォリアが次第に冷めていく現象だと見たのである。その

後もポーランド人の EU 統合熱はさらに冷めたのであろうか。ポーランドと EU を対面・対決させて，その距離の広がりをさらに感じているのであろうか。EU 加盟後に，加盟の賛否を問う調査はありえないので，別の形のアンケートを見てみよう。

図表 8-1 は，"Eurobarometer" が行った調査結果を M. Łukasik-Duszyńska がまとめたものである。アンケートの質問は，「EU は市民の声を尊重していると思いますか」というもので，調査した EU 市民全体の肯定否定の割合と，ポーランド人の間でのその割合を比べている。アンケート調査が行われたのはちょうどリーマン・ショックの経済危機にヨーロッパ中が揺らいだ時期をはさむ時で，EU の対応が苦境にある各国民にどう受け止められているかを示す数字になっている。まず気づくのは常に自分の声は EU では尊重されていないと感じる人の方が多いことで，EU 全体の平均で53〜65％を占めている。ポーランドでもほとんどの年は，意見は無視されていると感じる人の方が多い。しか

図表 8-1 調査：EU であなたの声は尊重されていますか（％）

年	EU 全体		ポーランド	
	yes	no	yes	no
2005年春	38	53	38	54
2005年秋	34	59	35	57
2006年春	36	54	37	53
2006年秋	34	—	36	55
2007年春	35	—	38	49
2007年秋	30	61	40	50
2008年春	31	—	45	38
2008年秋	30	61	33	54
2009年春	38	53	43	48
2010年春	38	56	45	42
2010年秋	33	57	—	—
2011年春	30	62	—	—
2011年秋	26	65	—	—

（出所） Monika Łukasik-Dustyńska, (2015), s.133-134.

し，その割合は EU 平均よりも少ない。しかも年を追うごとに，特にリーマン・ショック以降，その傾向は強まっていて，2007年頃からのポーランド人の自分の声は EU において尊重されていると感じる人の割合は，EU の平均とは明らかに異なる傾向を示しているのである。自分の声が尊重されていると感じる人の方が多い年もあって，この期間ポーランド人は EU との距離を感じるどころか，EU とポーランドのつながりを肯定的に自覚していることがうかがわれる。ちなみに，この期間で EU の中で最も意見が尊重されているという感想を持つ国民は，2005年春フランス（58%），2005年秋オランダ（58%），2006年春同じくオランダ（54%），2006年秋ルクセンブルグ（56%），2007年春ベルギー，ルクセンブルグ，オランダ（53%），2007年秋デンマーク（58%），2008年春同じくデンマーク（50%），2008年秋スロヴェニア（51%），2009年春デンマーク（93%），2010年春同じくデンマーク（57%），2010年秋同じくデンマーク（55%）となっていて，圧倒的に北西ヨーロッパの EU でも中心的な国が多い。一方反対に，意見が無視されていると感じる人が多い国は，2005年春ラトヴィア（69%），2007年春チェコ（78%），2007年秋ギリシャ（78%），2008年春ラトヴィア（%不明），2008年秋同じくラトヴィア（78%），2009年春同じくラトヴィア（80%）と，経済危機に大きく揺れて EU からの批判と介入を経験した東部周辺諸国が多くなっている[2]。

つまりポーランドは EU 加盟後の6年間，リーマン・ショックにもかかわらず（あるいは経済危機があったがゆえに）EU の中での疎外感を持つことの少ない方の国であったわけである。そのことは，ほぼ同じ時期の別の調査によってより一層明らかとなる。**図表8-2**は同じく M. Łukasik-Duszyńska がまとめたアンケートの結果で，質問は「あなたは EU がどのように機能しているかわかりますか」というもので，EU の役割についての理解を尋ねたものである。見られるようにポーランド人は常に EU 平均よりもかなり高い割合で EU の役割への理解を示している。EU の働きがわからないというポーランド人は常に30%強で，平均よりも相当低い割合である。

以上から，少なくとも2004年の EU 加盟から2012年頃までのこの時期に，ポーランドにおいて直接 EU そのものへの不満や不信が存在するわけではないことがわかった。ポーランドの政権が EU に協調的な政策をとる「市民プラッ

図表8-2 調査：あなたは EU がどのように機能しているかわかりますか（%）

年	EU 全体		ポーランド	
	わかる	わからない	わかる	わからない
2005年春	41	52	59	34
2006年春	46	46	62	32
2006年秋	43	51	59	34
2007年春	—	—	59	34
2007年秋	40	51	59	32
2008年春	44	47	58	31
2008年秋	41	51	53	36
2009年春	44	48	59	31
2009年秋	44	48	59	32
2010年春	46	47	63	30
2010年秋	47	46	63	—
2011年春	45	49	62	—
2012年春	52	42	60	—

（出所）　Monika Łukasik-Dustyńska,（2015), s.144.

トフォーム」から批判的な「法と正義」への交代が起こったのは2015年末の総選挙であった。2012～2015年の数年間に，EU との関係において何か大きな変化がポーランドで起こったかをチェックしなければならないが，我々は後に述べるような理由から，それよりも経済面に注目しながら，むしろ時期をさかのぼって今日のポーランドをもたらした経済改革のプロセスとそれに対する人々の意識の動きを探ってみよう。

3　体制転換以前への郷愁

　2012年にポーランドで行われたアンケート調査で，非常に興味深い結果が得られたものがある。Brian Porter-szűcs が紹介する CBOS のその調査は，社会主義時代にある程度の年齢に達していて，社会主義時代の末期の生活体験と

体制転換後の混乱期の経験も持っている1963年以前生まれの人を対象にした調査で，質問は「あなたの家族はポーランドの体制転換によってどんな影響を受けましたか」というものであった。調査結果は，「それ以前よりも良くなった」という回答が19％，「状況はほとんど変わらない」が59％，「それ以前よりも悪くなった」という回答が19％であった[3]。2012年というのは，ポーランドが体制転換直後の混乱の中で1990年，1991年と対前年比 GDP で7％のマイナスを記録した後，1992年に2％の成長に転じ，その後1990年代後半は5〜7％程度のプラス成長を記録して，2001年，2002年に1％台の低成長を記録した後，再び3〜7％の安定した成長をリーマン・ショックの時期も維持した直後のことである。経済が見事に立ち直ったはずのこの時，過去と比べた現在の生活に対して，何が人々をこれほど批判的，悲観的にさせているのであろうか。

　同じ時期のアンケートでは次のような結果も出ていた。物質的な状況に関しては，半数を少し超える人にとっては体制転換前の1988年は「良かった」という記憶が残る時代であり，現在の物的環境を良いと考える人はわずかに31％しかいないという。さらに，現在のポーランドが社会主義時代より「より正義がある」と考える人は半分しかおらず，現在の民主主義の機能に満足なのは40％だけであった。それらの過去と現状の比較結果に関して，旧共産党（統一労働者党）党員と反体制派であった旧「連帯」組合員の間で回答結果にほとんど違いがないという。また，大学卒の学歴を持つ人にとって1988年と2012年は何の違いもなく，初等教育卒の学歴の人の20％は今日も当時も変わらないと答え，41％の人は25年前の方が良かったと考えていた。もっとも，一方で，社会主義最後の10年間の時代の生活に戻りたいかと問われると，「はい」という答えは26％だけであり，アンケートそのものは主観的な調査なのではあるが，このような調査結果からは，現状への不満や批判という前に，ポーランド人のかつての体制転換に対する評価が一様ではなかったことが見えてくるのである[4]。Porter-szűcs は，大多数の人々は変化をポジティブに受け止めているが，その彼らは心のうちに全く相反する気持ちも持っているという。我々も短絡的に，ポーランドの体制転換以前を「抑圧と貧困の時代」，体制転換以後を「自由と繁栄の時代」としてみるわけにはいかないのである。では，少数だが，過去に戻りたいという人の郷愁の原因は何なのだろうか。

図表8-3　ポーランドへの外国直接投資

年	金額
1990年	1.05億ドル
1991	3.24
1992	14.08
1993	28.30
1994	43.21
1995	68.31
1996	120.28
1997	177.05
1998	272.79
1999	351.71
2000	457.72
2001	531.52
2002	614.47
2003	644.60

（出所）　Maureen P. Larsen ed., (2012), p.113.

　ひとつ考えられるのは，今日ポーランドの人々だけではなく，同国を訪れる旅行者も感じることができるポーランドの日常生活における外国企業のプレゼンスの大きさであろうか。実際リーマン・ショックの頃，ポーランド経済のパフォーマンスに世界が驚いていた時代にも，外国資本の存在は増え続けていた。1989年に社会主義体制が崩壊して以来，ただちに西側の外国資本が東欧諸国に流れ込んで，経済システムの転換に苦しんでいた過渡期の東欧諸国の経済を活気づけるのに貢献していた。一番多くの外国資本を受け入れたのはポーランドで，Magdalena Wdowicka によればポーランドには1990年から2003年の間に図表8-3のような外国直接投資が行われていた。1998年の時点でその累積額は217億2,200万ドルに達し，それは東欧の中ではハンガリーの182億5,500万ドル，チェコの134億5,700万ドルよりも大きく，ロシアの133億8,900万ドルをも超えていた[5]。2000年の時点でポーランドに一番多くの投資を行ったのは投資額1,200億ズロチのドイツ企業で，次いでオランダ（780億ズロチ），フランス（380億ズロチ），アメリカ（300億ズロチ），イタリア（280億ズロチ）などであっ

図表8-4 外国資本参加の経営主体の割合

1994年	13.0%
1995	16.5
1996	18.5
1997	22.0
1998	27.5
1999	31.5
2000	34.0
2001	34.5
2002	37.0
2003	38.5
2004	40.0
2005	39.0
2006	41.8

(出所) M. Noga i M. K. Stawicka red. (2008), s.48.

た[6]。そしてポーランド経済に対する外国資本のシェアは次第に増えていく。**図表8-4**のように外国資本のポーランド企業への参加はじわじわと増えて，リーマン・ショックの前にはすでに企業の40％に達していた。外国資本の参加による新技術の導入と経営の効率化が期待されていたことが背景になっていた[7]。しかしその一方で，外国資本がじわじわと増えて，ポーランドの人々の暮らしの中にその存在が急速に膨らんで見えて，やがて自国の経済が根こそぎ外国資本の支配下に組み込まれてしまうという不安が，外国資本が存在しなかった社会主義時代への人々の郷愁につながったのだろうか。

実はそう見ることには少し無理がある。国際的にみれば，この時期の東欧への投資額はそれほど大きなものではなく，たとえばポーランドへのこの投資額は同年のアイルランド（239億ドル），ギリシャ（220億ドル），ポルトガル（211億ドル）と同程度であり，ドイツ（2,288億ドル）の10分の1もなかった[8]。またポーランドは東欧にあってはもっとも人口規模の大きな国であったので，受け入れた外国直接投資を1人当たりに直すと1997年から2001年の平均で189.9米

ドルとなり，チェコの412.2ドル，エストニアの287.9ドル，クロアチアの244.4ドル，ハンガリーの202.8ドルよりも少なく，スロヴァキアの175.8ドル，ラトヴィアの152.6ドルとさほど変わらない額になる。さらにGDPにおける割合では1995年6.2％，2000年21.3％で，ハンガリーの26.7％と43.4％やチェコの14.1％と42.6％などと比べても低い水準であったということができる[9]。つまり当時ポーランドに盛んに外国資本が入ってきていたのは事実だとしても，それは周囲の国と比べて突出して多いというものではなかったのである。

　2012年の時期のポーランドの人々が，そしておそらく今日の彼らも本質的には同様に，体制転換以前の時期を複雑な気持ちで思い返しながら現状への不満を心に抱いている背景を知るには，数字に表れた客観的な経済情勢のみにその原因を求めるのは難しいのかもしれない。むしろ，彼らの記憶の中の感覚的な問題にも要因を求める必要がありそうである。そこで体制転換時にどのような経済改革がなされたのかを今一度振り返える必要があろう。ことはポーランド経済社会の体質的な問題と，経済改革理念やその手法との矛盾や対立にかかわる可能性があるからである。

4　経済危機とポーランド

　ポーランドの経済改革に触れる前に，まず当時の世界経済を見てみよう。第２次大戦後の世界経済は，戦後復興，技術革新，インフレ，低成長と構造変化，２つのオイルショック，スタグフレーションという大きな波を経験したのち，1880年代の半ばからグローバリゼーションと情報革命によるブームを迎えることになった。先進国経済はより一層金融化され，製造業よりも金融，保険，不動産という部門が重要になり，I.T.Berendにいわせると，ヘッジファンドの陰で銀行が，銀行の陰で家計が，価値を生み出すことなく利益を作り出す社会になっていく[10]。その一方で，規制緩和による信用拡大と爆発的な消費ブームがそれに伴い，結局，金融調節によって経済成長を維持し，経済危機は回避できるという政府や経済学者の思い込みをよそに，2007年夏あたりから変調をきたした世界経済は不動産の暴落と2008年９月のリーマン・ブラザーズの破綻に代表される金融崩壊に至ったのである。

1989〜91年に体制転換を実現した東欧諸国は，この世界経済の渦に巻き込まれながら，市場経済への移行を進めていた。といっても，市場の制度はまだ大急ぎで作られたばかりだし，政府にも民間の経営者層にも市場経済の運営経験はないわけで，2005〜2008年にルーマニアで88％，スロヴァキアで96％，エストニアで99％の銀行資産が外国資本の支配の下にあったことに現れているように，その経済は非常に脆弱であった。加えて貧しかった人々は突然豊かな市場に出会い，クレジットで買い物をする方法を知ったばかりで，それゆえ世界の経済危機は，東欧諸国に一層深刻な影響を与えることになった。2009年のGDPの落ち込みは，リトアニアで17.4％，ウクライナで14.8％，エストニアで14.3％，スロヴェニアで8.1％，ロシアで7.8％に達した。ハンガリー，ブルガリア，エストニア，ラトヴィアの負債額はGDPを超え，ハンガリー，ルーマニア，ラトヴィアは危機脱出のために2011年までIMFの援助を必要とした。一方で，2002〜2007年にEUの財政基準をクリアして国家財政の健全化に成功していたポーランド，チェコ，スロヴァキア，スロヴェニアの国々は，この危機を回避もしくは危機から急速に回復することができた[11]。

　とりわけ体制転換後の移行途上の国でありながら，ヨーロッパで唯一この経済危機によるマイナス成長を回避できたポーランドは特異な存在であった。なぜポーランドは経済危機を回避できたのであろうか。その要因としては3つのポイントが考えられる。最初に注目されるのはその経済の堅実な体質である。先に述べたようにポーランドの国家財政はEUの財政基準を満たすまでに健全化されていたし，ポーランドでは銀行借入れは低水準にとどまっていた。そして2006年に政府による不動産規制が行われていて不動産市場は小規模のままであり，家計バブルは発生していなかった。2つ目のポイントは，ポーランドへの豊富な資金流入であった。危機にあってもポーランドへの外資流入は急減せず，2011年の資本増加は世界4位であり，同年の第3四半期の新規上場は中国に次いで第2位という状態であった。またEUの統合基金から2000〜2006年にポーランドを含む東欧に800兆ユーロの援助がなされたが，そのおよそ4分の1がポーランドに対するものであった。さらに共通農業政策によってポーランドには農民所得の2倍にあたる援助が与えられていた。EUへの新規加入国の中でポーランドは最大の補助受け入れ国だったのである。このEUからのトラ

ンスファーによってポーランド政府は最小の努力で2008〜2010年の危機を乗り越えることができたともいわれている。3つ目のポイントは,ポーランドの巨大な国内市場である。東欧の多くの国は人口規模が小さく,経済は大きく輸出に依存している。ところが3,800万人の人口を有するポーランドはGDPの輸出依存度が40％とチェコやスロヴァキアの半分にすぎず,経済危機による輸出可能性の減退にも耐えることができた。実際に2009年には小売りの売り上げ7％増を実現している[12]。

さて,このような特異なポーランドの経済体質はどのように形成されたのであろうか。それを知るためには我々は体制転換後の経済改革の時期まで遡ってみる必要がある。

5　体制転換と経済改革

本章の最初で紹介した日本経済新聞のインタビュー記事の中で,ワレサ元大統領はグローバル化になかなか適応できない社会について「ポピュリズムにどう対抗していくか,議論が必要だ」といいながら,「社会から変化を求める声が上がっているが,政治家たちが十分に応えられていない。新しい時代の共通の基盤は何なのか。どんな経済体制が要るのか。共産主義でないのは間違いないが,今のような富の分配に偏りのある資本主義もどうか」と展望的な感想を語っている。興味深いのは,この言葉の中に,社会主義体制からの転換の過渡期に,連帯運動から新政府のリーダーになったワレサを含む多くの人々に共有されていた「第三の道」の議論を思い出させるものがあることだ。ソ連のような中央集権的な計画経済でもなく,アメリカのような個人を中心とする自由な市場経済でもない「第三の道」,体制転換後のポーランドが目指す経済体制として,彼らの多くが漠然と描いていたイメージがこれであった。その発想法は,体制転換前の社会主義時代と転換後の自由主義の市場経済時代を単純に二分して,全体主義か民主主義か,社会主義か資本主義かという対比でとらえて,その極端などちらでもない,ポーランドに合う中間の道を探ろうというあいまいなものであった[13]。

1989年に思いもかけない速さで社会主義体制の崩壊が起きてしまうと,社会

主義に対する反体制派であった「連帯」は政権を担わなければならなくなった。せざるを得なくなったというのは，彼らにはまだ十分な準備ができていなかったからである。最初に首相に選出されたタデウシュ・マゾヴィエツキにしても同じであった。彼は1989年8月25日の首相就任演説で，「新政府の長期的戦略目標は，ポーランドを長く知られ試されてきた経済制度に再建することだ。それは市場経済に戻ることで，国家の役割は先進国におけるものと同じになる。ポーランドがイデオロギーの実験場になることはもう許されない」と語ったが[14]，おそらく彼の脳裏には，社会主義体制の40年間をなかったことにして，社会主義体制以前のポーランドにジャンプして戻るイメージがあったのであろう。しかし，現実には社会主義が作り出した人民共和国ポーランドを基礎にして，その上に新たな経済システムを作り上げなくてはならず，それは容易なことではなかった。彼の仕事は，彼の演説からすると皮肉なことに，既存の経済生活の基礎的な土台を急激に変えてしまうという社会主義体制が成立したときと逆の方向のイデオロギー実験を実行することだったのである。その仕事を実際に担ったのは副首相兼蔵相のレシェク・バルツェロヴィチである。

　バルツェロヴィチはワルシャワ中央計画統計大学 SGPiS を卒業したのちニューヨークのセント・ジョーンズ大学で MBA を取得し，サプライサイド経済学の洗礼を受けて帰国していた。彼は新政府の他の多くの閣僚のように，体制を転換して財政が安定すれば「自由」が魔法を発揮するとは考えておらず，ポーランド経済の問題点は，常に増大する消費のために貯蓄と投資が犠牲になること，計画経済を悩ませていた「不足」という現象は，国民の反対のために消費を減らす目的で価格を引き上げられないことと不効率な国営企業が市場の動きに対応できないことに原因があるという当時の社会主義経済当局と同じ考えに立っていた。したがって彼が目指したのは，賃金を引き下げ，非効率な企業を閉鎖し，価格補助金を廃止し，社会福祉支出をカットすることであり，消費を抑制し，生産性と効率の最大化のために賃金の安いよく訓練された労働力を作ることであった。このバルツェロヴィチのアイデアは，「第三の道」ではなくて，旧共産党（統一労働者党）の1980年代の改革案に近いものであったが，それ以外の経済改革案を新政府の誰もが持ち合わせていなかった。共産主義時代との大きな違いは，1980年代の共産党政府の指導者ヤルゼルスキが「連帯」

という組織化された労働運動の反対にあったのに対して,「連帯」を母体として政権に就いたマゾヴィエツキとバルツェロヴィチは反対にあう恐れなく,理念や原理は異なっても個々の国民にとっては実質的に同じ内容を持つ提案をすることができたのである[15]。

改革案の内容からすれば,いざ経済改革が開始されれば新政府への支持は後退することが予想されたので,提案と実行は素早く行われた。1989年の10月後半に国会に関連法案が提出され,数週間の審議で可決され,翌1990年1月1日に法律は発効した。それはまさしく「ショック療法」で,社会主義時代の食糧,エネルギー,住居に対する価格補助金はカットされ,教育,医療その他すべての政府支出も削減された。核心は新しい賃金規則で,価格上昇効果を固めるため,インフレ率の60％を超える賃金引き上げを禁止するという内容の法律が制定された。つまり労働者はストライキをしても,賃金を上げ,支出を増やすことは不可能になったのである。当然賃金上昇はインフレ以下に抑えられ,労働者の生活水準は急速に低下した。1990年から1991年にかけて実質賃金は24％低下し,1989年に25％だった貧困ライン以下で暮らす人の数は,改革開始5年で人口の44％にまで広がった。改革の長期目標は市場による賃金規律の確立であり,実際に失業が大量に発生した。雇用労働者数の減少は1990年が4.9％,1991年8.8％,1992年8％で,1990年代半ばまでに250万人以上が失業した[16]。

新政府の方針を反映したこうした動きは,当然,体制転換のエネルギーを供給した労働組合からは強い反発を受けたが,その中で次第に経済社会の在り方についての見方に違いが出てきたリーダー層からは理解を得ることができた。1993年の調査で,失業について理解を示す人の割合が一般組合員では9.6％しかいないのに対して,組合のリーダーのうち26.9％はすでに理解を示していた。不必要な労働者の解雇については,一般組合員で38.6％,組合のリーダーは68.8％がそれを支持していた[17]。並行して進められた国営企業の民営化は,当初の行き当たりばったりのやり方がスキャンダルを生むなどさまざまな混乱を伴ったが,成立した民間企業は大量の失業を背景に労働組合に対して圧力をかけることができ,労働者の低賃金は企業間競争を有利に導くとともに,外国企業のポーランド進出の大きな誘因となってさらなる外国資本の流入をもたらす結果になった。国全体の成果で見ると当初低迷したGDPは1992年頃から上昇

に転じて，1996年には1989年の水準を抜き，その後も上昇を続けて2012年にはヨーロッパ大陸平均の75％に達したのである[18]。

以上がポーランドの体制転換に伴う経済改革のプロセスであったが，移行期経済といいながら，所有構造の変化や外国資本の流入などの変化がある一方で，国民にとっての経済生活の実態は社会主義時代とモノは増えても所得の豊かさにおいては変わらず，失業の恐怖のみが大きくのしかかってくると感じられるものであった。もちろんバルツェロヴィチの目的は市場による賃金規律の確立，つまり労働者の賃金をある程度抑えめに維持して消費の暴走と生産コストの暴騰を防ぐことであって，決して失業率を高く維持することではなかったから，政府は必死に失業率を下げようと試みた。しかしバルツェロヴィチが蔵相を務めている間にそれは成功せず，むしろ彼のライバルで1991年12月にバルツェロヴィチが蔵相を退いた後（その後彼は再び1997年末から2000年半ばまで蔵相を務めている），1994〜1997年と2002〜2003年に蔵相を務めたグジェゴシュ・コウォトゥコの時代に顕著な改善が見られた。コウォトゥコは同じくアメリカに留学してバルツェロヴィチと違い需要派の経済学をポーランドに持ち帰ったエコノミストで，蔵相として民営化のテンポを緩め，節約的な政府予算を少し緩めるとともに社会福祉支出を増額するなど，バルツェロヴィチとは反対の施策を行った[19]。結局先に見たポーランドが2008年の経済危機を回避できた3つの理由のうち，政府の堅実な財政体質と外国資本の流入に対してはバルツェロヴィチの政策の遺産が大きく貢献し，国内市場を大きく育てるという点ではコウォトゥコの政策が貢献していると考えることができる。

6　おわりに

2008年のヨーロッパの経済危機の要因として，I.T.Berendは経済的，政策的，構造的な要素のほかに，社会的な現象があるという。それは家計の負債と不動産バブルの背後にある，人々を突き動かす消費への強い意欲である。2つの大戦，大恐慌，戦後インフレによって家計はそれまでの蓄積をすっかり失ってしまい，それゆえに戦後は，蓄積ではなく，よりよい生活が大目標となった。一方で同じ時期はヨーロッパの大移民時代にあたり，すべてを捨てて移住した

人々にとって，再び資産を築くこと，物質的によりよい生活を作り上げることが夢だったのである。それゆえに1950年代・60年代と2000年頃の2つの繁栄期に，ヨーロッパの生活スタイルと消費行動は急激に変化した。しかもそれに加えて，1970年代，80年代には東西両陣営による生活スタイル，生活水準をめぐる激しい競争があり，1990年代半ば以降は消費のための道具立てとして金融イノヴェーションが進んで，さまざまなクレジットや不動産ローン，銀行ローンが作り出され，負債による過剰消費，過剰債務が問題になってきたというのである[20]。

それをポーランドに当てはめてみると，現在の状況のある面がかなり見えてくるように思われる。20世紀の初頭に独立を回復するまでポーランドは123年もの長い忍従と抑圧の生活を強いられてきたが，その忍耐を支える社会に文化面，社会面，モラルの面で大きな影響を与えていたのは，消費を美徳と考え節約を軽蔑し嫌う傾向を持つポーランドの土地所有貴族シュラフタであった。独立を取り戻したポーランドは長年の経済の遅れを十分回復する間もなく第2次大戦に巻き込まれる。大戦が終了した後は，ソ連の影響下の長い社会主義の耐久生活である[21]。1989年の体制転換は，ポーランド人にとってそうした忍従と抑圧から解放され，自由と豊かさへの門戸が大きく開かれる出来事のはずであった。ところが先に述べたようにその後の経済改革は，消費への強い要求を押さえつけるものであり，ポーランド人にとって豊かさの象徴である旧西側諸国は，一方で豊かな生活をポーランドに持ち込みながら，他方でEUとして規律ある経済運営を強く望んでポーランドの消費を押さえつける存在でもあった。自由をもたらす者，他方で，自由への解放を妨げる者としてのEUがそこにあったのである。

今やますます豊かになりつつあるポーランドにとって，以前からあった地方による格差，豊かさの成果の獲得をめぐる格差，経済的価値観やビジネスに対する意識の違いを含む世代間格差，内向きにはキリスト教的社会規範が薄くなる中での，そして外に向けては大きく変化する世界とヨーロッパの中での自分たちのアイデンティティの再確認，それらの背後で豊かさに向けて突き上げてくる内側からの要求，それらが混ざり合いながら，過去を振り返り，EUと向き合いながら自分たちにとってヨーロッパとは何者なのかを見直しているとい

うのが，現在のポーランドの姿なのではないだろうか。ポーランドと EU の関わり方は以前と変わったわけではなく，世界の他の人々と同様に次第に高まる消費への意欲を抱えつつ，その時その時にポーランド社会がとりうる選択肢を模索しているのであり，今日の EU に対するその動きは，少なくとも，単純に民族主義か国際協調主義か，保守的価値観か進歩的自由主義かというような政策路線の問題ではないように思われるのである。

●注
1　藤井和夫，「EU の東方拡大とポーランド」，海道ノブチカ編著，『EU 拡大で変わる市場と企業』日本評論社，2007年，19－20ページ。
2　Monika Łukasik-Dustyňska (2015), s.133-134.
3　Brian Porter-szűcs (2014), p.328.
4　以上 Brian Porter-szűcs (2014), p.328-329.
5　Magdalena Wdowcka, Foreign Investment Capital in Poland and its Spatial Distribution since 1990, in Maureen P. Larsen ed. (2012), p.113.
6　Dirk Panhans and Lutz Kaufmann, International Expansion Strategies, in Bruno S. Sergi, William T. Bagatelas and Jana Kubicová eds (2007), p.38.
7　Sylwia Talar, Rola zagranicznego kapitału produkcyjnego w działalności eksportowej polskich przedsiębiorstw przemysłowych, w M. Noga i M. K. Stawicka red. (2008), s.48.
8　Magdalena Wdowcka, Foreign Investment Capital in Poland and its Spatial Distribution since 1990, in Maureen P. Larsen ed. (2012), p.112.
9　Michael.J.Bradshow, Foreign Direct Investment and Economic Transformation in Central and Eastern Europe, in D. Turnock, ed. (2005), p.12,15.
10　Ivan T. Berend (2013), p.1-2.
11　Ivan T. Berend (2013), p.36-41.
12　Ivan T. Berend (2013), p.39-40.
13　Brian Porter-szűcs (2014), p.331.
14　Brian Porter-szűcs (2014), p.329.
15　Brian Porter-szűcs (2014), p.329-331.
16　Brian Porter-szűcs (2014), p.332-333.
17　Agnieszka Paczyńska (2012),p.159-160.
18　Brian Porter-szűcs (2014), p.334-338.
19　Brian Porter-szűcs (2014), p.342.
20　Ivan T. Berend, (2013), p.91-95.
21　Porter-szűcs は "Communist Consumer" という用語を用いてこの時代のポーランド人の消費意欲を論じている。Brian Porter-szűcs (2014), p.274-281.

●参考文献

Ivan T. Berend (2009), *From the Soviet Bloc to the European Union*, Cambridge UP.
―― (2013), *Europe in crisis: Bolt from the Blue?*, New York.
Lucian Cernat (2006), *Europeanization, Varieties of Capitalism and Economic Performance in Central and Eastern Europe*, London, 2006.
Hubert Gabrisch and Rüdiger Pohl eds. (1999), *EU Enlargement and its Macroeconomic Effects in Eastern Europe*, London.
Roman Heck, red. (1976), *Studia nad rozwojem narodowym Polaków, Czechów i Słowaków*, Wrocław.
Joanna Kaminska (2014), *Poland and EU Enlargement*, New York.
Tadeusz Kowalik (trans., E. Lewandowska) (2011), *From Solidarity to sellout*, New York.
Anna Krzynowek-Arndt i Bogdan Szlachta red. (2016), *Suwerenność*, Kraków.
Maureen P. Larsen ed. (2012), *Economic and Political Developments in Poland*, New York.
Monika Łukasik-Dustyňska (2015), *Unia Europejska a obywatele*, Gdansk.
Marian Noga i Magdalena K. Stawicka red. (2008), *Co decyduje o konkurencyjności polskiej gospodarki ?*, Warszawa.
Agnieszka Paczyńska (2012), *State, Labor, and the Transition to a Market Economy*, (2nd ed.) The Pennsylvania State UP.
Brian Porter-szűcs (2014), *Poland in the modern world: Beyond martyrdom*,West Sassex.
Bruno S. Sergi, Willium T. Bagatelas and Jana Kubicová eds. (2007), *Industries and markets in Central and Eastern Europe*, Ashgate.
Stuart Shields (2012), *The International Economy of Transition : Neoliberal hegemony and Eastern Central Europe's transformation*, London.
David Turnock, ed. (2005), *Foreign direct investment and regional development in east central Europe and the former Soviet Union*, Ashgate.

◆ Summary ◆

This article analyzes the process of economic transition in 1990s' Poland to understand what happened in Poland today. The auther shows that not only the repressed resentment in the history of modern Poland, but hyper-consumption of Polish people reflected in both of uncertainty of ordinary people in the reminiscence of the period of transition in Poland and defiant attitude toward EU authorities by conservative Polish governmen today.

The causes of 2008 crisis includes not only economic and policy phenomenon, but a social one, such as the people's lifestyle, spending habits and consumer attitudes after the World War II. Affluent consumption or consumerism affects political, economical and social situation of the present-day Poland, as well.

Chapter **9**

Internationalisation of Polish Universities under the EU ERASMUS Programme
The case of the University of Lodz and the Faculty of International and Political Studies

Tomasz Domański

◆

1 Introduction

Internationalisation strategy is the key challenge to Polish higher education institutions. Internationalisation is stimulated by the European Union (EU) programmes designed to enhance student and academic staff mobility within the European educational area.

The paper aims at demonstrating the internationalisation of Polish universities within the framework of subsequent editions of the EU Erasmus programme on the example of the University of Lodz (UL) and its Faculty of International and Political Studies (FIPS). The analysis is based on statistical data from the reports submitted to the Erasmus programme across the EU and in Poland. In order to carry out our examination, we prepared case studies for the University of Lodz and the FIPS based on the latest report of the President of the UL for 2017. The FIPS case study uses internal UL data and direct observations of the author over the period when he was first a Deputy-Dean (2002—2008) and then a Dean of FIPS responsible for internationalisation strategy (2008—2016); being a dean within a decentralised management structure of the University and its Faculties is an opportunity to initiate a number of bottom-up projects that promote internationalisation.

The European Union launched many programmes to stimulate international mobility of students and researchers. We can divide these programmes into two groups.

The first group includes educational programmes. They are intended to enhance student mobility by offering them a term or two at a foreign university of their own choice. Such mobility scheme is based on agreements concluded by universities from the European Union member states. These programmes have provided a vehicle that encourages young people to exercise more mobility within the single labour market in the EU. They could be launched due to an extensive system of scholarships, which cover the cost of travel and stay of students at chosen universities abroad. Funds for these programmes were ring-fenced in the EU budget.

Educational programmes stimulated also transborder mobility of academics, who could travel to lecture at partner universities. Both the scale and structure of student and lecturer mobility depend on how much internationalised a university is. Earlier personal contacts and mutual trust between mobility leaders and coordinators also matter. The scale of exchange was, and still is, dictated by the amount of EU funding available for this purpose, which was negotiated as part of the EU budget.

The second group consists of programmes of multilateral scientific cooperation within which universities compete for funds by submitting projects within a specific call for applications procedure. The procedure specifies the structure of research consortia bringing together representatives of different countries. Programmes were addressed primarily to universities from Central and East European countries, i.e., from the new EU member states. Their goal was to bring forward international scientific cooperation in economic, social or cultural issues relevant to the EU. Such international scientific consortia enhance integration between scientists from old and new EU.

International student exchange and scientific cooperation have always been viewed as areas, in which European integration policy has been the most successful. That is due to big openness of academic community to such cooperation and the absence of controversies over the need to stimulate such exchange.

2 ERASMUS — European exchange of students and academic staff

Erasmus, considered one of the most successful programmes of the European Union, celebrated its 30th anniversary in 2017. It was launched in 1987 as an international student exchange programme. Its name comes from the name of a Dutch philosopher and an outstanding humanist Erasmus of Rotterdam who lived at the turn of the 15th and 16th centuries (1466—1536). The name of the programme makes direct reference to the times of Renaissance when eminent people of that period studied at the most renowned European universities. At that time people usually travelled to other countries where they stayed for a longer or shorter time to study at the university. People studying at different universities laid foundations for the development of humanist thought and ideas. Contemporary student exchange programmes result from the legacy of the age of humanism, which is seen as a breeding ground for European culture and science.[1]

Nowadays, students of most university programmes of the 1st or 2nd degree (bachelor or master) as well as doctoral students can participate in exchange schemes. Erasmus is open to student exchange at each level and for all types of studies. It also offers opportunities of getting practical training in various organisations. Recruitment criteria include good grades at their parent universities and good command in the language of instruction at a foreign university. To stimulate this exchange, many European universities created programmes in English. Erasmus acted as a catalyst of a wide offer of courses and comprehensive teaching programmes in English. It enables student mobility across 28 EU Member States and 3 countries of the European Economic Area: Island, Lichtenstein, and Norway plus Turkey and Macedonia.

Experts from the French *Institut Jacques Delors*[2] argue that over thirty years Erasmus has become one of the best known and emblematic EU brands. In its first year (1987–1988) the programme offered scholarships to only 3,244 students (see **Tab. 9-1**). On its thirtieth birthday (2017) student population covered by the scheme was 100 times bigger reaching almost 300,000. Such a spectacular development of Erasmus was possible because the European Union earmarked a substantial part of its budget for this programme. Its initial budget amounted to only **EUR 13 million** (1988), which accounted for a minor fraction of the global EU budget (**0.03%**). In the latest EU budget (2014–2020) it was as high as **EUR 600 million** representing **0.4%** of the EU budget (2014). This is a completely new approach to how international student exchange is financed and to stimulating the mobility of young people within the European educational area.[3]

Table 9-1. Dynamics of European student exchange within Erasmus

Year	No. of students involved in the exchange	Growth dynamics [in %] for subsequent 5-year periods
Beginning of the programme 1987–1988	3,244	
5 years of the programme 1992–1993	51,694	1,593
10 years of the programme 1997–1998	85,999	66
15 years of the programme 2002–2003	123,957	44
20 years of the programme 2007–2008	182,697	47
25 years of the programme 2012–2013	267,547	46
30 years of the programme 2017–2018	**384,000***	**44***

*384,000 — optimistic outlook if we assume the continuation of the rate of 44% of growth dynamics for a subsequent 5-year period.
Source: own compilation based on: European Commission, Erasmus — Facts, Figures and trends 2013–2014, 2015 (for the years 1988 to 2014) and European Commission, Erasmus+ programme annual report 2015, January 2017 (for 2014–2015) oraz Y. Bertoncini, S. Fernandes, *Extending ERASMUS: a new impetus for youth mobility in Europe*, "Policy Paper" 198, 14 June 2017, p. 1, http://institutdelors.eu/wp-content/uploads/2018/01/extendingerasmus-fernandesbertoncini-june2017.pdf [accessed 13.05.2018].

In the new financing period 2014–2020 the budget of Erasmus+ includes projects that stimulate mobility of young people at various levels of education (also secondary schools and other institutions dealing with education and training). Budgetary resources allocated for the financing of mobility schemes available to young Europeans amount to almost 1.4% of the EU budget.[4]

It is estimated that ca. 10% of students in Europe spend at least some part of their studies abroad. In 2017 there were more than 650,000 of such students and slightly fewer than half of them were covered by the Erasmus+. Increasing Europeanization of studies is one of important goals of the European Commission (EC). European Commission strives to stimulate various forms of international exchange of youth, including volunteering programmes. We also hear a lot about the specific **Erasmus Spirit**.

3 Polish universities in the European ERASMUS programme

Over 30 years (1987–2017) of Erasmus programme, more than 4 million students from European universities benefited from different international exchange schemes. The EU annual report for 2016 shows that 725, 000 people all over Europe went abroad to study, get practical training, as interns or volunteers of the scheme. Compared to 2015 EU expenditure on the programme increased by 7.5% and reached EUR 2.27 billion. It was enough to finance 21,000 projects prepared and carried out by 79,000 organisations, especially by many universities and schools. At the meeting in Sweden (Gothenburg, 17.11.2017) it was decided that mobility should remain the key goal of the programme to double the number of beneficiaries in 2025 and to focus on people from less affluent backgrounds.[5] Annual report of the European Commission for 2016 informs that the budget of Erasmus+ used for international exchange at universities exceeded EUR 780 million.[6]

Table 9-2 Ranking of countries which sent the biggest number of students abroad under Erasmus+ in 2016

Country	No. of students
France	40,910
Germany	40,089
Spain	39,445
Italy	34,343
Poland	**16,518**
Turkey	16,089
United Kingdom	15,645
the Netherlands	13,083

Source: own compilation based on statistical data from the Annual Report 2016, *Statistical Annex Erasmus+. Enriching lives, opening minds*, European Commission, p. 32, https://ec.europa.eu/programmes/erasmus-plus/sites/erasmusplus2/files/annual-report-2016-stat-annex_en.pdf [accessed 13.05.2018].

France and Germany send the biggest number of students abroad under Erasmus+ (see **Tab. 9-2**). In this ranking Poland occupies high 5th position (16,518 in 2016).

Table 9-3   Ranking of countries receiving the biggest number of students within Erasmus+ in 2016

Country	No. of students
Spain	44,596
Germany	33,346
United Kingdom	31,067
France	29,068
Italy	22,785
Poland	**14,616**
the Netherlands	12,771
Portugal	12,662

Source: own compilation based on statistical data from the report: Annual Report 2016, *Statistical Annex Erasmus+. Enriching lives, opening minds*, European Commission, p. 33, https://ec.europa.eu/programmes/erasmus-plus/sites/erasmusplus2/files/annual-report-2016-stat-annex_en.pdf [accessed 13.05.2018].

Spain is the leader in the ranking of countries receiving the biggest number of foreign students, Germany comes second and Poland ranks 6th with almost 15, 000 students (see **Tab. 9-3**). Poland has been taking part in Erasmus programme for almost 20 years. It was Erasmus beneficiary already before the country joined the European Union in 2004. Every year the programme sends 16,000 students from Polish universities, including foreigners who study in Poland, to study abroad or to get apprenticeship. In 2017 the number of Polish students who went abroad within the Erasmus programme increased even higher and reached **16,796.** There were also more foreign students who came to Polish universities within ERASMUS exchange (**13,143**). We witness a positive trend in the number of foreign students at Polish universities getting closer to the number of Polish students going abroad. The offer of Polish universities is increasingly more attractive to foreign students. Polish universities offer high quality instruction, more and more programmes taught in English and better opportunities to find a job in Poland upon the completion of studies than in many countries in Western Europe, such as, e.g.: Portugal, Spain, Italy or even France. Many foreign investors who have made substantial investments in Poland are looking for mobile students with strong international focus.

In the initial stage of Erasmus in Poland (1998) there was only a single foreign student coming to Poland per each 6.5 Polish students going abroad.[7] At present the gap between incoming and outgoing students is closing and in the future we should expect both flows to become equal, which confirms the attractiveness of Poland and Polish universities as a place to study.

Questionnaire studies conducted among Polish students who benefited from the Erasmus mobility schemes confirm high levels of satisfaction with the experience: almost 70% are *highly satisfied* and the group of *rather satisfied* ones exceeds 26%. There are only 1.3% *dissatisfied* students while the rest had no opinion about the issue in question. These results show how well the programme has been received by Polish beneficiaries.[8]

Tablel 9-4   Ranking of Polish universities in Erasmus exchange in 2016

University	Student exchange	Academic staff exchange
University of Warsaw	1,302	361
Jagiellonian University	782	166
University of Wroclaw	648	390
Adam Mickiewicz University Poznan	746	195
University of Lodz	434	333

Source: A. Karolczuk, K. Szwałek, *Program Erasmus+ w Polsce. Raport*, Fundacja Rozwoju Systemu Edukacji, 2017, p. 19, http://czytelnia.frse.org.pl/media/raport_2016_.pdf [accessed 13.05.2018].

Tablel 9-5   Countries the most frequently selected by Polish participants to Erasmus mobility schemes in 2016

Country	No. of students and academic staff
Spain	3,719
Germany	3,013
Italy	2,370
Portugal	2,073
France	1,470
the Czech Republic	1,444

Source: A. Karolczuk, K. Szwałek, *Program Erasmus+ w Polsce. Raport*, Fundacja Rozwoju Systemu Edukacji, 2017, p. 20, http://czytelnia.frse.org.pl/media/raport_2016_.pdf [accessed 13.05.2018].

Leading Polish universities send the biggest number of students and academic staff to their Erasmus partners abroad (see **Tab. 9-4**).

Polish students' preferences with respect to countries they choose are similar to those observed across the European Union with clear dominance of Spain and Germany. When in 2012 a report was drafted for the 25th anniversary of Erasmus programme, it was found out that in total over 3 million students benefited from it in Europe, including 108,000 students and 26,000 academics from Poland. Destinations the most frequently selected by Polish participants to Erasmus included: Germany (over 23,000), Spain (over 12,000), and France (over 11,000). The first 25 years of Erasmus brought more than 29,000 Europeans to Poland.[9]

The development of the Erasmus programme in Poland should be examined in the context of internationalisation of both universities and Polish economy, which complement each other. Accelerated transformation of Polish economy after 1990 unleashed huge demand for mobile university graduates familiar with international environment and ready to cooperate with foreign investors. In new reality, Erasmus was one of key sources of a new generation of well educated people for the Polish economy. They were necessary to foreign investors from different EU countries who invested in manufacturing and service sectors in Poland after 1990. Cumulated value of foreign direct investment in Poland in the years 1994–2011 amounted to EUR 153 bn.[10]

Within a short period, Polish companies re-orientated themselves to the markets of the European Union, especially to the German market (exports to the EU member states). EU member states continue to receive ca. 80% of all Polish exports, which means high demand for employees familiar with the EU market and able to service it. There is a specific synergy between educational programmes and economic cooperation with the EU countries. In Poland there are almost 25,000 enterprises with foreign capital, most of them are small and medium-sized ones with fewer than 50 employees. At the same time, 1,220 the biggest foreign companies, which employ more than 250 people each, invested in total more than 52% of foreign capital. They also employed almost 72% of all staff working in companies with foreign capital. In total, in 2011 all foreign companies in Poland employed almost 1.6 million people.[11]

Many Polish students get to know the peculiarities of selected European labour markets when they study abroad within the framework of Erasmus programme. Studying abroad is often the first step to working abroad in the country where they studied. European studies show that mobility rate in Poland is one of the highest. The rate is calculated as a share of population in the working age living in another EU member state in total population. In 2010 the following countries reported the highest mobility rates amongst the new member states: Romania (11%) followed by Lithuania, Latvia, and Bulgaria (5%). The rate for Poland is slightly lower (4.4%) but still significant if we consider the size of its population. In principle big member states exhibit low mobility rates.[12]

Erasmus programme and the labour market open for the citizens of the European Union member states favour the mobility of students and university graduates. Most migrants end up in the EU countries. **In the case of Poland, it is estimated that 80% of migrants stayed in the EU member states (EU-27)**. Student mobility under the Erasmus schemes helps to get familiar with cultural environment and build up personal relationships in different EU countries. These relationships often become the starting point for international careers but also lead to mixed marriages of students from different EU member states. People in such marriages are more mobile and ready to work in foreign countries.

4 Erasmus at the University of Lodz

4-1 Internationalisation strategy of the University of Lodz

University of Lodz has always appreciated internationalisation and stimulated different forms of students' international exchange, developed the network of partner universities and dual diploma programmes with its foreign counterparts or attracted foreign students by offering programmes taught in English. Increasingly more foreigners are interested in studying in English meaning they do not have to speak Polish. The model is especially well developed in business, medical, and engineering studies.

The network of international partnership agreements constantly grows. In 2017 there were 247 such agreements concluded also with new partners from: Kazakhstan, Georgia, Azerbaijan, China, Indonesia, Japan, EU member states and countries of Latin America. Finding new partners depends on official contacts held by the city or region but also on personal contacts of the UL research or teaching staff with foreign universities.[13] Agreements signed with German (Giessen or Regensburg) or French (Lyon 3 Jean-Moulin) universities often almost 40 years ago are especially valuable. Their continuity has produced unique cooperation formats including dual diploma programmes.

Management programme offered at the Faculty of International and Political Studies is an example of a dual diploma programme delivered in cooperation with the French Lyon 3 University (MBA). Other examples include Executive MBA studies offered in partnership with the University of Maryland (USA) at the Faculty of Management; business studies with British partners at the Faculty of Economics and Sociology and the School of French Law launched in cooperation with University of Tours; School of German Law with the University in Munster, and the School of American Law with Chicago-Kent College (all of them at the Faculty of Law and Administration of the UL). The strategy of curricula internationalisation combines decentralisation exercised when new contacts and cooperation formats are being looked for with centralised approach when agreements must be formally approved by University authorities.

4-2 Erasmus program at the University of Lodz

In 2017 the University of Lodz was involved in total in 39 educational programmes with foreign universities. The programmes were delivered in cooperation with 400 partner universities from 30 European countries using funds received from the EU (almost EUR 1.2 million for all forms of exchange). The number of Polish students and staff of the UL who benefit from mobility schemes is constantly growing and reaches 400 students and 350 academics annually.[14]

The population of foreign students who studied at the UL (815 people) under the Erasmus programme in 2016/2017 included mostly students from Turkey (296), Spain (231), Italy (67), France (37), and Portugal (36) (see **Tab.9-6**). The trend has been maintained in recent years.

Tabel 9-6   Foreign students' stays at the UL under Erasmus+ programme

YEARS	2013	2014	2015	2016	2017
ERASMUS+	464	631	719	758	815

Source: Report of the President of the University of Lodz on international cooperation for 2017 [in Polish], UL internal documents.

The following Faculties are leaders in receiving foreign students: the Faculty of Economics and Sociology (274), Faculty of Philology (154), Faculty of Management (121), Faculty of International and Political Studies (72), and the Faculty of Law and Administration (60). Five leading Faculties **receive 84%** of all Erasmus students. It shows how much faculties differ with regard to internationalisation. Out of 12 Faculties at the UL only 5 have clear internationalisation strategies with the remaining seven having none.

Students coming from outside of the European Union under mobility schemes co-funded also by the EU *Mobility Direct* represent a new dynamic trend. In 2017 there were 400 such students, including: 133 students from Kazakhstan, 76 from Ukraine, 70 from China, 47 from Georgia, and 33 from Russia.

Students' exchange with China is a new experience. In 2017, within the framework of agreements signed with 8 Chinese universities, 70 Chinese students studied at the UL (economics and management). Demand for business programmes (finance, accounting, management, international business) is the highest and these courses are available in English. Academic exchange scheme is in this case correlated with the cooperation between the city of Lodz and the Lodz region with selected regions and partner cities in China. It is an example of synergy between academic and economic collaboration of cities and regions.[15]

Recruiting foreign students for paid programmes taught in English. The most promising direction in internationalisation is to attract students from the global market. The University of Lodz is actively involved in the process. Its Office for International Cooperation [Biuro Współpracy z Zagranicą – BWZ] recruits foreign students for paid programmes taught in English. In 2017 recruitment resulted in 1,550 applications submitted electronically by candidates from non-EU countries, out of which 168 were selected and approved for the programme. The rejected ones were candidates who either submitted incomplete applications or those to who were refused a visa to come to Poland. Attracting foreign students is largely dependent on factors external to the University which are beyond its control.

International Marketing, selected by 1/3rd of all foreign students of the 1st and 2nd degree studies (20 plus 35 = 55 people) is the most popular programme. Fees for programmes taught in English are competitive and for foreign students amount to EUR 2,500 for each year. (see **Tab. 9-7**) There are many candidates from English-speaking developing countries, such as: Nigeria, Pakistan or Bangladesh. However, candidates from these countries are usually refused visas to study in Poland even if they successfully pass the stage of selection at the University. In 2017 most applications originated from Africa (23%), South-East Asia (23%), Eastern Europe (22%) as well as Middle East and Northern Africa (20%).[16]

Motivated by the wish to stimulate the inflow of students from countries of the former USSR (Ukraine, Armenia, Azerbaijan, Kazakhstan, Georgia, Tajikistan, Turkmenistan, Uzbekistan, Belarus, Russia, Kyrgyzstan, Moldova), the Senate of the University of Lodz decided to reduce the tuition fee for them by 50% which immediately increased the number of applications from these countries by over 70%.[17]

Tablel 9-7   Revenue from foreign students for courses paid in foreign currency

Year	Revenue [in thousands of euro]
2012/2013	100
2013/2014	185
2014/2015	325
2015/2016	500
2016/2017	625
2017/2018	612.5

Source: own compilation based on data from the Report of the President of the University of Lodz on international cooperation in 2017, UL internal documents, p. 30.

Report on international students at Polish universities[18] shows that the UL receives the highest number of Chinese (99) and Turkish students among all Polish universities; it also ranks second when it comes to the number of students from Spain. The UL ranks fifth among Polish universities with respect to the number of foreign students.[19] In 2017 the University of Lodz offered courses taught in English to foreign students at 1st degree studies (14 programmes and specialist courses) and at 2nd degree, Master studies (13 programmes and specialist courses).

In 2017 the University of Lodz had in total 2,514 foreign students, out of whom 1,240 were its regular students and **815 came under the European Erasmus+ programme**. The rest were participants to other exchange programmes, most of them under the *Mobility Direct* programme.

Comprehensive assistance offered to foreign students by the Office for International Cooperation of the UL is an advantage of the Lodz model of internationalisation. It starts from recruitment, through insurance and aid in finding accommodation at the University campus. The University of Lodz is also very active in social media, were it has got a website in English. It is present in English on Facebook, where it is followed by 2,000 people and has more than 9,000 fans. For Russian-speaking students, it is present on the platform *vKontakte* with more than 500 followers and over 2,800 fans (at 01.02.2018). The University of Lodz advertises itself as a **University of Diversity,** whose students come from almost 100 countries. Its marketing campaign also promotes cultural diversity within student community.

5 Internationalisation strategy of the Faculty of International and Political Studies of the University of Lodz: the role of Erasmus programme

Extensive system of student exchange under the Erasmus programme is a vital *source of competitive advantage* of universities and their faculties. The Faculty of International and Political Studies of the University of Lodz developed a dense network of contacts with foreign universities. In order to sign international agreements within Erasmus the Faculty had to offer attractive courses taught in English at 1st and 2nd degree studies in *international relations* (specialisation *International Marketing*). These programmes provide solid foundations to Polish students who go abroad and attract a number of foreign students. The strategy is selective in choosing partners to Erasmus agreements and based on detailed knowledge about the specificities of foreign universities.

In the academic year 2013/2014 the group of students from **other countries** included

Tablel 9-8   Students coming to the FIPS under Erasmus by country

Year	Spain	Germany	Turkey	Slovakia	Italy	France	Other	Total
2007/2008	6	4	2	0	0	0	4	16
2008/2009	3	4	3	0	1	0	2	13
2009/2010	6	0	5	2	0	1	1	15
2010/2011	5	4	9	3	3	0	9	33
2011/2012	5	2	17	2	1	0	9	36
2012/2013	14	7	18	0	0	3	4	46
2013/2014	7	2	13	1	0	1	7	31
2014/2015	10	3	36	1	1	3	10	64
2015/2016	4	1	22	0	2	0	11	40
2016/2017	9	4	10	0	2	3	14	42

Source: own compilation based on the internal documents of FIPS UL.

representatives of: Lithuania (3), Romania (2), Belgium (1), and Portugal (1). In 2014/2015 the same category included students from: Portugal (4), Finland (2), Croatia (1), Greece (1), Hungary (1), and Lithuania (1), while in 2015/2016: Portugal (3), Lithuania (2), Bulgaria (2), Hungary (2), Romania (1), and Sweden (1). In general, we observe progressing diversification of international Erasmus student community coming to the FIPS. It is the effect of new agreements being signed and the expansion of offer with new programmes and courses available in English. The group of countries currently represented in Erasmus exchange includes 12 countries, almost half of the EU members. There is still room for winning new partners and for intensifying the exchange with the existing ones. Data in **Table 9-8** confirm clear domination of students coming from Turkey or Spain observed in recent years. Other countries are represented by a much smaller number of students. We also observe slight increase in the number of students from Germany although their share remains disproportionally low if we consider that Germany is our key economic partner in the EU. Lecturers and leaders of international cooperation are crucial for Erasmus exchanges as they take care of cooperation with foreign universities and actively seek new partners. Opportunities and development perspectives of such cooperation largely depend on the scale of staff exchanges (see **Tab. 9-9**).

Tablel 9-9 No. of FIPS lecturers covered by the Erasmus mobility scheme

Academic year	No. of stays
2007/2008	21
2008/2009	24
2009/2010	29
2010/2011	30
2011/2012	28
2012/2013	30
2013/2014	37
2014/2015	32
2015/2016	29
2016/2017	25

Source: own compilation based on internal materials of the FIPS UL.

Erasmus mobility scheme covers more than 50% of the staff. They are potential ambassadors of the Faculty. Some lecturers go abroad twice a year. New partnership relations are also established within international European associations of universities or higher education institutions. The Dean and the Faculty Plenipotentiary for foreign mobility schemes are key persons for the development of Erasmus programme. The Dean must provide leadership in international exchange by establishing new strategic relations while the Plenipotentiary is expected to quickly prepare necessary documentation to launch direct cooperation.

FIPS is one of the top ranking faculties of the University of Lodz when it comes to internationalisation. Students at English-taught programmes represent almost 40% of all student population. **The rate is so high because these programmes offered to Polish and foreign students are new and innovative.** In practical terms it means that almost every second student at the Faculty – be it Polish or foreign – took a programme taught in English. The Faculty of International and Political Studies was originally conceived as a *strongly internationalised* structure (see **Tab. 9-10**). Its case serves as a confirmation of the thesis that it is much easier to give a clear international orientation to an academic organisation, which is created from scratch. Then its identity can be built on solid foundation

Table 9-10 FIPS students covered by the Erasmus mobility scheme

Academic year	No. of students
2013/2014	37
2014/2015	33
2015/2016	27
2016/2017	27

Source: own compilation based on the internal documents of the FIPS UL.

made of values related with internationalisation. An in-depth analysis of the international setting at interdisciplinary level combined with high mobility of researchers and students became the cornerstone of the international model of education.

Giving an international orientation to a university is much easier when there are *interdisciplinary teams*, open to contacts with new foreign partners. International education has become the source of FIPS's competitive advantage. Programmes taught in English must be attractive; such is the precondition of any potential international cooperation with foreign universities. The Faculty of International and Political Sciences offers a full programme of the1st and 2nd degree (bachelor and master) studies taught in English for *international relations* (specialist course ***International Marketing***). It helps prepare Polish students to study abroad and to receive a big group of foreign students coming to Lodz within the framework of Erasmus programme. Most young academics from the Faculty of International and Political Sciences are its graduates, ready to teach in foreign languages.

The success of Erasmus exchanges requires the Faculty to develop a system of active counselling services to students with respect to the choice of a foreign university and a selection of courses they wish to study abroad. The process is personalised, meaning it is best tailored to the career path of each individual student. There is a specific type of international triada emerging from the combination of studying abroad with international subject of the diploma thesis and finding employment or internship opportunities in a foreign company. To participants of the Erasmus programme, staying abroad is an opportunity to find foreign literature and data and consult some aspects of their respective theses with foreign lecturers. If diploma works are devoted to specific foreign companies it is also possible to have an apprenticeship with them to carry out original empirical studies.

A well working student exchange programme Erasmus is based on strategic cooperation with selected foreign universities. Hence, the choice of adequate partners is fundamental. In such an approach students are not anonymous any more and they may expect a more *individualised counselling*, although their choices remain fully independent and individual.

At FISP foreign exchange under Erasmus programme is fully decentralised. It means the Faculty is looking for potential foreign partners for exchange schemes on its own initiative. New agreements usually emerge from personal contacts. Decentralisation of cooperation within Erasmus must also be accompanied by decentralised financial decision-making on subsidising students or lecturers' stays at foreign universities. To this end there is a specific amount ring-fenced in the budget of the Faculty to subsidise the stays of our students or members of staff at partner universities and to promote the brand of the Faculty at international level.

Combining studies with learning about local business environment. Ideally, the most entrepreneurial participants to Erasmus harmoniously link writing their diploma theses with practical training abroad. Apprenticeships are offered by selected companies but also by municipal or regional administration, foreign representation offices, media or business environment organisations (chambers of commerce and industry, consulting companies, consulates, etc.). To be able to benefit from such a scenario, students selected for Erasmus mobility schemes should be able to justify their choice of a foreign university from the perspective of their individual career path.

International Marketing — **model principles of using the Erasmus programme.** Erasmus programme is particularly relevant for our specialist programme *International Marketing*. It makes an inherent element of a unique philosophy behind our way of teaching students. Our approach to the Erasmus programme assumes its complete integration with internationalised system of education for this specialist programme. Students of *International Marketing* — much more frequently than their colleagues from other faculties — avail themselves of what Erasmus offers. They can choose among ca. 90 placements annually offered as a result of 70 partnership agreements with universities in 23 countries. All the best students interested in foreign exchange can be its beneficiaries. Every year the offer is expanded with new foreign partners whose profile matches the international model of education worked out at our Faculty.

International experts present in the Polish market argue that an employer when asked to choose between two candidates with similar skills usually recruits the one who has got experience of staying abroad under one of Erasmus schemes. Employers expect high mobility of their employees because they enter new markets and need to manage these processes.

Polish students' involvement in Erasmus is also a source of many innovations in teaching at their home university, especially when it comes to business and science cooperation. Their experience acquired in renowned business schools stimulates improvements in teaching at the specialist programme *International Marketing* and encourages the Faculty to establish new relations with its environment. Innovative teaching methods and team work within project teams are of high interest.

In many instances, the Erasmus programme becomes the driver of innovation processes at Polish universities. That is the effect of increasing expectations of foreign students coming to Poland and intensified by expectations of Polish students who come back from foreign universities and expect similar standards back at home. In the case of Polish schools of business, it is usually connected with broader involvement of business practitioners in the teaching process. Such suggestions were extremely valuable when many years ago the majority of universities initiated changes in their curricula.

Apparently, together with consistent increases in the scale of student Erasmus exchange in the future more stress should be put on the quality aspect of the programme. Improved quality of teaching can be accomplished by fostering individual counselling services to foreign and Polish students (modern forms of *coaching*). Exchange of information about the course of studies at partner universities must also be strengthened.

Foreign students often have a lot of objective reservations to choose Poland as a destination of their Erasmus mobility stay. To overcome them we need to build up a system that would deliver positive information about benefits of studying at Polish universities. Foreign students have problems with choosing Poland as a country and also with selecting one of its university cities. Surveys show that many foreign students get their knowledge about our country mainly from the *"word of mouth marketing"[whisper marketing]*, i.e. from opinions of their colleagues who have already been to Poland as Erasmus students. On the other hand, foreign students who have already been to Poland under one of Erasmus mobility schemes, often declare they would like to come back here to work or take post-graduate courses, which is a very positive sign. The fact that back in 2011 FIPS developed its original specialist programme *International Marketing* — taught entirely in English — helps attract foreign students under Erasmus programme. Our teaching philosophy offers excellent conditions, in which Polish and foreign students can study together in small student groups. Competitive edge of the programme consists in its being exclusive and in bringing together students from many countries.

In the academic year 2013/2014 foreign students — including Erasmus students — represented almost 50% of all student population. Big diversity of students produces more opportunities to establish contacts and come across many languages and cultures. In recent years we have observed increased interest in the specialist programme *International Marketing* of students from non-EU countries. This is particularly true of countries, such as: Ukraine, Turkey, Russia or countries of Northern Africa. English as a language of instruction and an extensive network of partnership agreements under Erasmus provide students from non-EU countries with a unique opportunity to get to know universities of the old European Union.

6 Conclusion — future challenges

In the future Erasmus will have to live up to a number of challenges connected with mobility. Increasing expectations of foreign and Polish employers encourage universities to expand the programme. Simple student exchange scheme must be enriched with a wider system of counselling offered to students in relation with their future career paths. An original system of *coaching* for foreign students could be a good solution as they could learn about apprenticeship opportunities in a given market. A university would have to develop a network of contacts with its business environment at local and regional markets. The biggest challenge, however, will be the change of the operational model of a university. In the case of specialist programme *International Marketing* the building of a database of places where students could get practical training makes a valid part of the strategy of the Faulty of International and Political Studies. We will also implement a system of personalised counselling aimed at correct identification of student's expectations and potential. An in-depth interview with a foreign student will help propose her/him apprenticeship opportunities in companies that correspond with her/his priorities.

Erasmus lies at the heart of the new European Commission's strategy aimed at combating youth unemployment by improving acquiring competence and skills. "Erasmus for All" initiated in 2014 is expected to link all the seven cooperation mechanisms existing so far in the field of education, training, youth, and sports in one coherent programme. The change seeks to ensure better efficiency and easier access to grants as well as to eliminate the duplication of scattered and fragmented initiatives. The new programme is supposed to cover 5 million people until 2020, which is twice as many as the number of current beneficiaries. In the new financial perspective Erasmus is expected to stimulate relationships among universities and business to increase the chances of young people involved in the programme to find a job.

"The impact of Erasmus has been tremendous, not only for individual students, but for the European economy as a whole. Through its support for high-quality teaching and a modern higher education system, with closer links between academia and employers, it is helping us to tackle the skills mismatch. It also gives young people the confidence and ability to work in other countries, where the right jobs might be available, and not to be trapped by a geographic mismatch" said President Barroso.

Commissioner Vassiliou added: *"Erasmus is one of the great success stories of the European Union: it is our best known and most popular programme. Erasmus exchanges enable students to improve their knowledge of foreign languages and to develop skills such as adaptability which improve their job prospects. It also provides opportunities for teachers and other staff to see how higher education works in other countries and to bring the best ideas home. Demand for places strongly exceeds the resources available in many countries — one of the reasons why we plan to expand opportunities for study and training abroad under our proposed new education, training and youth program, Erasmus for All."*.[20]

NOTE

1. Based on: http://www.dmws.uj.edu.pl/en_GB/o-programie-erasmus — Dział Obsługi Studentów Zagranicznych Uniwersytetu Jagiellońskiego (International Students Office of the Jagiellonian University) [accessed 13.05.2018].
2. Y. Bertoncini, S. Fernandes, *Extending ERASMUS: a new impetus for youth mobility in Europe*, "Policy Paper" 198, 14 June 2017, http://institutdelors.eu/wp-content/uploads/2018/01/extendingerasmus-fernandesbertoncini-june2017.pdf [accessed 13.05.2018].
3. Ibidem, p. 1.
4. Y. Bertoncini, S. Fernandes, *Extending ERASMUS...*, p. 1, http://institutdelors.eu/wp-content/uploads/2018/01/extendingerasmus-fernandesbertoncini-june2017.pdf [accessed 13.05.2018].
5. Based on: European Commission, *725,000 Europeans went abroad with Erasmus+ in 2016*, Published: 30.11.2017, https://ec.europa.eu/programmes/erasmus-plus/news/725000-europeans-went-abroad-erasmus-2016_en [accessed: 07.04.2018].
6. Annual Report 2016, *Statistical Annex Erasmus+. Enriching lives, opening minds*, European Commission, p. 9, https://ec.europa.eu/programmes/erasmus-plus/sites/erasmusplus2/files/annual-report-2016-stat-annex_en.pdf [accessed: 13.05.2018].
7. A. Karolczuk, K. Szwałek, *Program Erasmus+ w Polsce. Raport*, Fundacja Rozwoju Systemu Edukacji, 2017, p. 17, http://czytelnia.frse.org.pl/media/raport_2016_.pdf [accessed 13.05.2018].
8. A. Karolczuk, K. Szwałek, *Program Erasmus+ w Polsce. Raport*, Fundacja Rozwoju Systemu Edukacji, 2017, p. 19, http://czytelnia.frse.org.pl/media/raport_2016_.pdf [accessed 13.05.2018].
9. *Unijny program Erasmus ma już 25 lat, ale jego przyszłość jest niepewna*, Nauka w Polsce, Ministry of Science and Higher Education, 23.11.2012, http://naukawpolsce.pap.pl/aktualnosci/news%2C393020%2Cunijny-program-erasmus-ma-juz-25-lat.html [accessed 13.05.2018].
10. Source: Polish Investment & Trade Agency. PFR Group, *Inwestycje zagraniczne*, https://www.paih.gov.pl/polska_w_liczbach/inwestycje_zagraniczne# [accessed 13.05.2018].
11. *List of major foreign investors in Poland 2012*, Polish Information and Foreign Investment Agency, Warsaw 2012; see also: Polish Investment & Trade Agency. PFR Group, *Foreign investors in Poland*, https://www.paih.gov.pl/publications/foreign_investors_in_poland# [accessed 13.05.2018].
12. *Employment and Social Developments in Europe 2011*, European Commission, November 2011
13. Report of the President of the University of Lodz on international cooperation for 2017 [in Polish], UL internal documents, p. 2.
14. Report of the President of the University of Lodz..., *op. cit.*, p. 19.
15. Report of the President of the University of Lodz ..., *op. cit.*, p. 25.
16. Report of the President of the University of Lodz..., *op. cit.*, p. 27.
17. Report of the President of the University of Lodz..., *op. cit.*, p. 29.
18. Source: *Reports*, Study in Poland, http://www.studyinpoland.pl/konsorcjum/index.php?option=com_content&view=category&layout=blog&id=15&Itemid=79 [accessed: 13.05.2018] and report *Raport, Studenci zagraniczni w Polsce 2017"*, Study in Poland, http://www.studyinpoland.pl/konsorcjum/index.php?option=com_content&view=article&id=14515:raport-

studenci-zagraniczi-w-polsce-2017&catid=258:145-newsletter-2017&Itemid=100284 [accessed 13.05.2018].

19 Quoted from the Report of the President of the University of Lodz ..., *op. cit.*, pp. 30–31.

20 *Erasmus: changing lives, opening minds for 25 years*, European Commission — Press release, Brussels, 30 January 2012, http://europa.eu/rapid/press-release_IP-12-83_en.htm?locale=en [accessed 13.05.2018].

References

Annual Report 2016, *Statistical Annex Erasmus+. Enriching lives, opening minds*, European Commission, s. 9, https://ec.europa.eu/programmes/erasmus-plus/sites/erasmusplus2/files/annual-report-2016-stat-annex_en.pdf [accessed 13.05.2018].

Bertoncini Y., Fernandes S., *Extending ERASMUS: a new impetus for youth mobility in Europe*, "Policy Paper" 198, 14 June 2017, http://institutdelors.eu/wp-content/uploads/2018/01/extendingerasmus-fernandesbertoncini-june2017.pdf [accessed 13.05.2018].

Dział Obsługi Studentów Zagranicznych Uniwersytetu Jagiellońskiego (International Students Office of the Jagiellonian University), http://www.dmws.uj.edu.pl/en_GB/o-programie-erasmus [accessed 13.05.2018].

Employment and Social Developments in Europe 2011, European Commission, November 2011.

Erasmus: changing lives, opening minds for 25 years, European Commission — Press release, Brussels, 30 January 2012, http://europa.eu/rapid/press-release_IP-12-83_en.htm?locale=en [accessed 13.05.2018].

European Commission, *725,000 Europeans went abroad with Erasmus+ in 2016*, Published: 30.11.2017, https://ec.europa.eu/programmes/erasmus-plus/news/725000-europeans-went-abroad-erasmus-2016_en [accessed 07.04.2018].

European Commission, Erasmus — Facts, Figures and trends 2013–2014, 2015 (for the years 1988 to 2014) and European Commission, Erasmus+ programme annual report 2015, January 2017 (for 2014–2015).

Karolczuk A., Szwałek K., *Program Erasmus+ w Polsce. Raport*, Fundacja Rozwoju Systemu Edukacji, 2017, p. 17, http://czytelnia.frse.org.pl/media/raport_2016_.pdf [accessed 13.05.2018].

List of major foreign investors in Poland 2012, Polish Information and Foreign Investment Agency, Warsaw 2012.

Polish Investment & Trade Agency. PFR Group, *Foreign investors in Poland*, https://www.paih.gov.pl/publications/foreign_investors_in_poland# [accessed 13.05.2018].

Polska Agencja Inwestycji i Handlu. Grupa PFR, *Inwestycje zagraniczne*, https://www.paih.gov.pl/polska_w_liczbach/inwestycje_zagraniczne# [accessed 13.05.2018].

Report, Studenci zagraniczni w Polsce 2017", Study in Poland, http://www.studyinpoland.pl/konsorcjum/index.php?option=com_content&view=article&id=14515:raport-studenci-zagraniczi-w-polsce-2017&catid=258:145-newsletter-2017&Itemid=100284 [accessed 13.05.2018].

Reports, Study in Poland, http://www.studyinpoland.pl/konsorcjum/index.php?option=com_content&view=category&layout=blog&id=15&Itemid=79 [accessed 13.05.2018].

Sprawozdanie Rektora Uniwersytetu Łódzkiego ze współpracy z zagranicą za rok 2017, materiały wewnętrzne UŁ [Report of the President of the University of Lodz on international cooperation for 2017, UL internal documents].

Unijny program Erasmus ma już 25 lat, ale jego przyszłość jest niepewna, Nauka w Polsce, Ministerstwo Nauki i Szkolnictwa Wyższego, 23.11.2012 r., http://naukawpolsce.pap.pl/aktualnosci/news%2C393020%2Cunijny-program-erasmus-ma-juz-25-lat.html [accessed 13.05.2018].

◆概　要◆

　本章の目的は，EU のエラスムス計画によるポーランドの大学の国際化のプロセスを，ウッジ大学国際関係・政治学部を例に描き出すことである。分析は EU とポーランドにおけるエラスムス計画の最新のデータに基づいて行われる。ウッジ大学の内部資料と著者の直接の観察による国際関係・政治学部の研究は，著者が学部長として学部の国際化の責任を担った中で行われたものである（2008 〜 2016年）。

　エラスムス計画は，EU のもっとも成功した計画の1つと認められている。その30年間にわたるさまざまな形での国際交流を，ヨーロッパの大学の400万人を超える学生たちが利用した（1987 〜 2017年）。計画の名前は，ルネッサンス時代のオランダの哲学者で人文学者のロッテルダムのエラスムスに因んで名づけられたが，その理由は当時の優れた人々がヨーロッパの最も高名な諸大学で学んだからである。今日エラスムス計画はもっとも著名な EU を象徴するブランドの1つとなっている。

　ポーランドの大学が提供する教育は，諸外国の学生にとって非常に魅力的なものになっている。それは，高い水準の英語による授業と卒業後に西ヨーロッパの多くの国よりもポーランドで就職の可能性がより大きいことによるものである。

あとがき

　本書は，関西学院大学産業研究所の共同研究「現代世界とヨーロッパ―見直される政治・経済・文化―」(2015~2017年度) の研究成果を，テーマどおりの『現代世界とヨーロッパ―見直される政治・経済・文化―』の標題で1冊にまとめたものである。これを産研叢書42として刊行することになった。
　産業研究所の研究活動の柱の1つである共同研究は，学部教員，研究所教員など学内教員を核として構成する共同研究プロジェクトチームをつくり，学外研究者，実務家を交えて学際的に研究活動を行っている。常時3つのプロジェクトが活動を行っており，産業・企業研究や地域研究等の分野からそれぞれ具体的なテーマを選択している。3年間の活動では，研究会等を実施し活動終了時を目処に各プロジェクトの研究成果を刊行し公表している。特に今回の研究プロジェクトの特徴は，広範囲にわたる分野からの研究員により構成されていることであるが，これは，現代ヨーロッパを対象として，政治・経済・文化の多様な観点からアプローチしていることを反映している。
　これまでの『産研叢書』においても，「ヨーロッパ」や「EU」は重要な研究分野を構成する。これらをテーマとして刊行されたものとして『EUの経済と企業』(2004)，『EU拡大で変わる市場と企業』(2008)，『EU統合の深化 市場と企業の日本・EU比較』(2011)，があり，本書はそれらに続くものである。
　共同研究の代表と本書の編集は経済学部の藤井和夫教授にお願いした。藤井教授は，当月をもって関西学院大学を定年退職される。長年にわたり関西学院大学ならびに産業研究所の活動に尽力された藤井教授を中心とする共同研究の成果として本書が出版されたことを特に記したい。藤井教授には研究代表者として，また，編集に際しては細部にわたり目を通していただき本書の出版に至ることができた。改めて藤井教授と多くの先生方の産業研究所事業へのご尽力に感謝申し上げ，本書に研究成果をお寄せいただいた研究メンバーには，3年間の研究活動とともに，そのご労苦に敬意を表したい。

本書の刊行は出版事情の厳しいなか，中央経済社にお引き受けいただいた。山本継社長，ならびに編集の労をお取りいただいた田邉一正氏に厚くお礼を申し上げる次第である。

2019年3月

　　　　　　　　　　関西学院大学産業研究所長　　髙林喜久生

■編著者紹介

藤井　和夫（ふじい　かずお）
関西学院大学経済学部教授　経済学博士（関西学院大学）

1950年生まれ。1974年関西学院大学経済学部卒業。1981年関西学院大学大学院経済学研究科博士後期課程単位取得満期退学。1990年経済学博士号取得。1981年4月より関西学院大学経済学部助手，専任講師，助教授を経て，1991年4月より現職。社会経済史学会理事，経営史学会理事・常任理事を務める。日本ポーランド協会関西センター代表。

＜主要業績＞

『ポーランド近代経済史』（単著），日本評論社，1989年

『19世紀ポーランド社会経済史』（単著），関西学院大学出版会，2019年（5月刊行予定）

関西学院大学産研叢書(42)
現代世界とヨーロッパ―見直される政治・経済・文化

2019年3月30日　第1版第1刷発行

編著者	藤　井　和　夫
発行者	山　本　　継
発行所	㈱中央経済社
発売元	㈱中央経済グループ パブリッシング

〒101-0051　東京都千代田区神田神保町1-31-2
電話　03 (3293) 3371 (編集代表)
　　　03 (3293) 3381 (営業代表)
http://www.chuokeizai.co.jp/
印刷／文唱堂印刷㈱
製本／誠　製　本㈱

© 2019 関西学院大学産業研究所
Printed in Japan

＊頁の「欠落」や「順序違い」などがありましたらお取り替えいたしますので発売元までご送付ください。（送料小社負担）
ISBN978-4-502-29851-6　C3033

JCOPY〈出版者著作権管理機構委託出版物〉本書を無断で複写複製（コピー）することは，著作権法上の例外を除き，禁じられています。本書をコピーされる場合は事前に出版者著作権管理機構（JCOPY）の許諾を受けてください。
JCOPY〈http://www.jcopy.or.jp　e メール：info@jcopy.or.jp　電話：03-3513-6969〉

関西学院大学産研叢書

関西学院大学産研叢書 38
公共インフラと地域振興

長峯純一（編著）

〈A5判・306頁〉

現代社会が直面するさまざまな課題を標榜している公共インフラや地域振興に関する諸論点について，実証的に分析・検討を行い，問題提起や政策提言を行う研究書。

関西学院大学産研叢書 39
生産性向上の理論と実践

梶浦昭友（編著）

〈A5判・240頁〉

アベノミクスの第3の矢である「日本再興戦略」で掲げられている生産性革命について，理論・実践の両面から生産性向上のための課題や現実の一端を解明した研究書。

中央経済社

関西学院大学産研叢書

関西学院大学産研叢書 40
ASEAN経済共同体の成立
比較地域統合の可能性

市川　顕（編著）

<A5判・216頁>

2015年12月に発足したASEAN経済共同体について，地域統合論および地域統合政策論の視点からEUと比較することで，その性格や特徴を解明する研究書。

<目次>

序　章　ASEAN経済共同体の成立と比較地域統合の可能性

第I部　比較地域統合論

第1章　EUとASEANにおける地域経済統合の比較分析

第2章　比較の中のASEAN-EUはASEANのモデルなのか

第3章　国際機構論からみたEUとASEANの比較

第4章　EUとASEAN-比較地域統合の視点から

第II部　比較地域統合政策論

第5章　ASEANにおける地域開発政策
　　　　—大陸部5ヵ国の産業立地に焦点を充てて

第6章　EUの地域開発政策およびASEANとの比較

第7章　EUとASEANの競争政策

第8章　ASEANにおける空港運営の特徴—EUとの対比による考察

中央経済社

関西学院大学産研叢書

関西学院大学産研叢書 41
関西経済の構造分析
豊原法彦（編著）
<A5判・184頁>

　関西経済は，近年影響力が低下してきたと言われつつも，関東地域ブロックに次いで2番目の規模で日本経済の中心的な役割を果たしている。関西経済の強みは，歴史的な伝統産業基盤に加えて，安定した雇用と東アジアをはじめとする対外的な交易にあり，また近年では新関西空港へのLCC乗り入れなども相まって，ほかの地域圏とは異なる経済的な特徴を示している。
　そこで，本書では関西地域の景気変動に焦点を当て，どのような経済的構造をとっているのか，多様な観点から実証的な解析を試みる。

<目次>

第1章　関西の景気連動性—CLIによる分析

第2章　関西経済発展の可能性を探る
　　　　―日中韓地域間アジア国際産業連関表による計量分析

第3章　関西の貿易取引と産業構造
　　　　―大阪税関『貿易統計』からのアプローチ

第4章　関西における高速道路整備の経済効果
　　　　―交通近接性を考慮した生産関数によるアプローチ

第5章　景気先行指数の動的文書生成にもとづく再現可能研究

第6章　景気指標から見た兵庫県経済の現況と指標利用上の課題

第7章　兵庫CLI（Composite Leading Indicators）と基調判断

中央経済社